LA VÉRITÉ

ET LES FAITS

OU

L'ESCLAVAGE A NU.

IMPRIMERIE D'A. SIROU ET DESQUERS,
Rue des Noyers, 37.

LA VÉRITÉ ET LES FAITS

OU

L'ESCLAVAGE A NU

DANS SES RAPPORTS

AVEC LES MAITRES ET LES AGENTS DE L'AUTORITÉ

AVEC

PIÈCES JUSTIFICATIVES

Par M. FRANCE,

CHEF D'ESCADRON DE GENDARMERIE COLONIALE
ET MEMBRE CORRESPONDANT DE LA SOCIÉTÉ FORMÉE A PARIS
POUR L'AMÉLIORATION DE L'INSTRUCTION ÉLÉMENTAIRE.

On ne règle pas plus l'esclavage, humainement, qu'on ne règle l'assassinat.

PARIS,
MOREAU, LIBRAIRE-ÉDITEUR,
Palais-Royal, péristyle Valois, 182-183,
ET CHEZ LES PRINCIPAUX LIBRAIRES.

1846

LA VÉRITÉ

ET LES FAITS

OU

L'ESCLAVAGE A NU.

« *C'est* encore *icy un livre de bonne foy,* » comme disait Montaigne. Les voyageurs rapportent souvent de leurs excursions lointaines des *impressions* et des *souvenirs*, même quand ils ne changent de ciel que dans l'intérêt de l'art, ou pour chercher de nouvelles émotions, quand ce n'est pas exclusivement pour la fortune.

Après quelques hommes judicieux [1], animés de nobles sentiments, qui ont mis à profit leur expérience des choses et des questions coloniales, pour ajouter quelques matériaux au domaine de l'histoire de l'esclavage moderne,

[1] M. V. Schœlcher, M. l'abbé Castelli, M. l'abbé Dugoujon, M. de Cussac, M. Milleroux.

qu'il me soit permis de payer aussi mon tribut à la vérité et à l'humanité, dans un compte-rendu sommaire, de ce que *j'ai vu, moi aussi*, sans prévention personnelle, de l'état des esclaves, pendant près de trois ans de séjour à la Martinique.

Cette esquisse consciencieuse et désintéressée d'une situation peu connue en France, sera favorablement accueillie, j'espère, dans un moment surtout où les hommes les plus éclairés des grands pouvoirs de l'État [1], et l'opinion publique toute entière, sont vivement préoccupés de l'amélioration de la condition de plus de deux cent cinquante mille malheureux pour qui le nom d'esclave et tout ce qu'il renferme, est encore une effrayante vérité, même à l'ombre des lois et des couleurs nationales qui le protégent.

En attendant que la sagesse des législateurs et les progrès d'une haute raison aient pu faire disparaître du code de la civilisation actuelle cette vieille tache d'une autre époque, nous éclairerons leur religion, en soulevant un coin du voile qui cache les abus cruels auxquels sont

1 MM. le duc de Broglie, comte de Portalis, comte de Montalembert, comte Beugnot, A. de Lamartine, A. de Gasparin, baron Teste, Passy, de Tocqueville, Ledru-Rollin, Ternaux-Compans, de Tracy, baron Roger, J. de Lasteyrie, etc.

encore soumis ces malheureux, malgré les différences profondes entre le présent et des temps plus éloignés.

On a pensé longtemps qu'une institution déplorable, léguée par d'autres mœurs comme un héritage de funeste mémoire, pouvait être amendée pour concilier les intérêts matériels avec ceux de l'humanité[1] : c'est une erreur.

S'il y a des maîtres meilleurs que les institutions[2], il y en a un bien plus grand nombre qui, par la force des choses, l'entraînement, l'habitude de ce qu'ils ont vu dans leur enfance, et, il faut le *dire*, par l'autorité de la loi elle-même (droits acquis, loi 1833), ne voient encore dans des frères malheureux, que des êtres dégradés, taillables et corvéables à merci, auxquels ils refusent le nom d'hommes.

Signaler de pareilles énormités au grand jour de la publicité, c'est contribuer par une bonne œuvre à les faire cesser avec l'esclavage lui-même, qui en est la *cause nécessaire*. On n'améliore pas ce qui est mal en soi radicalement ; on le détruit[3].

[1] Rapports Passy, Tracy, Rémusat, de Tocqueville, commission de 1840. Projets de loi divers.

[2] Tels que MM. de Méat du Fourneau et Pécoul.

[3] Toutes les dispositions transitoires sont inutiles ; voyez l'apprentissage anglais.

PREMIÈRE PARTIE.

Le régime disciplinaire légal assassine les esclaves en corrompant les maîtres.

Disons tout d'abord. Les ordonnances, les édits, les règlements disciplinaires ne manquent pas dans le code pénal des esclaves; il n'y en a que trop qui sont empreints des mœurs d'un autre temps et des erreurs qui réglaient les conditions de l'esclavage primordial, où l'homme était considéré comme meuble, droits acquis, ou comme la possession d'un animal; mais ces règlements, qui ne sont pas même observés dans leurs dispositions restrictives des abus, ne conviennent plus à une époque plus avancée de l'humanité [1]; ils sont dépourvus le plus souvent des caractères généreux d'un code pénal fait pour des hommes par un peuple civilisé.

La sagesse de toutes les nations et de tous les temps, dit qu'il doit exister une juste proportions entre les crimes, les délits et les peines [2].

1 Voyez Lepelletier Saint-Remy, sur la question d'Haïti.

2 Beccaria. *Traité des délits et des peines.*

Cette pensée a occupé et occupe encore la sollicitude de l'autorité législative sur différentes questions de réforme du code pénal, civil et militaire.

De plus, la sévérité des lois, en admettant les jurys, les circonstances atténuantes avec toutes les garanties légales en faveur des prévenus, tient compte encore du défaut de discernement, à raison de l'âge et des conditions morales où se trouve le coupable. Enfin, le ministère public, qui est toujours témoin du châtiment légal, est responsable des excès qui pourraient en accompagner l'exécution.

Telle est la justice de la loi en France, mais il n'en est pas ainsi dans ces pays que par une fiction administrative, on appelle *la France insulaire, la continuation de la France.*

Qu'il nous soit permis de signaler à l'autorité législative, outre les châtiments purement arbitraires et fondés sur l'usage, qui échappent ordinairement à la vigilance de la magistrature, ceux qui n'ont pas été abrogés dans le code noir et qui ont reçu la sanction provisoire de l'Ordonnance royale du 24 septembre 1828.

Du fouet, du trois-piquets, du quatre-piquets, de l'échelle, de la rigoise, de la prison à l'hôpital, de la prison au cachot, du carcan, des chaînes; du ceps, soit à la prison, soit au travail; du masque en fer blanc, du retrait du samedi; des veilles, corvées, amendes disciplinaires et détentions de nuit dans les cases, etc...

DU FOUET.

Ce châtiment est encore, lui aussi, il est vrai dans le régime légal de l'esclavage, actuellement en vigueur à la Martinique d'après l'ordonnance précitée; mais la sagesse bienveillante de M. Hyde de Neuville, qui tendait à réformer bien des abus, pouvait ne pas en connaître alors toute l'étendue; ce n'est que depuis cette époque et surtout en 1839 et 1840, comme on a vu à la fameuse interpellation de M. Lacrosse, le 6 mars 1841, que des écrivains ont reçu la mission d'aller *étudier* la question de l'esclavage aux Antilles... Il n'est donc pas étonnant que le Gouvernement et les Chambres préoccupés de tant de questions de réformes à l'intérieur, n'aient pu modifier la partie de cette ordonnance, qui laisse à l'arbitraire du maître, l'application de ce châtiment cruel, quoiqu'il paraisse réglementé pour le nombre des coups.

On savait et l'on a dit que tout se tenait dans le régime de l'esclavage; qu'il ne s'agissait pas de modifier, mais qu'il fallait tout *refaire;* nous croyons que le temps est venu.

Et d'abord, sait-on bien en France ce que c'est que le fouet comme châtiment, quand il ne s'agit que d'un simple délit contre la discipline (vrai ou supposé); car il ne s'agit pas d'une torture ou d'un supplice dont l'application ne doive avoir lieu que pour un crime prévu par la loi et infligé par l'autorité elle-même; or, le châtiment du fouet tel qu'il existe, même d'après l'ordonnance qui le maintient, est un véritable supplice.

Sans parler de ce qu'il a de dégradant pour les créatures raisonnables, contre lesquelles on l'emploie et qu'on veut pourtant transformer en *personnes*, il est toujours excessif et barbare pour les délits disciplinaires, et dans l'exécution, il peut quelquefois estropier la victime en offensant les parties nobles et même occasionner la mort, sinon instantanément, ce qui est déjà arrivé, au moins plus tard ce qui arrive souvent.

Sait-on les dimensions, la contexture calculée de cet affreux instrument et la cruelle habileté qu'on exige dans ceux qui s'en servent ?

Sait-on que les oreilles du nègre ne connaissent pas d'autres signaux et d'autres encouragements pour le travail que ses menaçantes vibrations dans l'air, ou les sillons si souvent imprimés sur son corps meurtri? Sait-on qu'il se trouve par delà les mers, des hommes qui se vantent de décoller d'un seul coup de fouet, non une tête de pavot... mais bien le goulot d'une bouteille de bière? Sait-on qu'un seul coup de fouet à nu peut enlever une bande circulaire de la peau du corps de la victime, qu'il fait ruisseler son sang, et que les autres coups peuvent tomber souvent dans la même plaie? Sait-on enfin, qu'on peut tuer un homme, et à plus forte raison une femme ou un enfant, bien avant d'avoir atteint le nombre terrible de 29 coups de fouet? Et qui, même en maintenant ce chiffre, a fixé d'une manière précise l'intervalle obligé entre plusieurs châtiments de cette nature? Pourra-t-on l'infliger plusieurs fois dans le même jour, dans la même semaine, dans le même mois? ou bien faudra-t-il attendre pour creuser de nouvelles plaies que les premières soient cicatrisées ou guéries? ce serait le sujet d'une nouvelle question d'humanité, comme de médecine légale. Et quel moyen encore de répression contre le maître dénaturé, qui, non content de ce nombre, l'aurait dépassé de beaucoup dans l'intérieur de son habitation, loin des regards de la gendarmerie? Peut-on supposer que les parents ou les amis de la victime oseraient porter plainte, lorsque quelques malheureux qui ont essayé de le faire, ont été si mal accueillis de l'autorité compétente, et renvoyés à leurs maîtres par des gendarmes, pour être torturés davantage en arrivant sur l'habitation? c'est ce que j'établirai par des faits authentiques[1].

DU TROIS ET DU QUATRE-PIQUETS.

On sait par l'histoire de la plus grande catastrophe de tous les siècles, de la condamnation la plus inique prononcée par toutes les passions réunies, que le supplice de la croix était réservé aux esclaves comme le plus ignominieux et le plus terrible qu'on pût infliger; or, cet affreux supplice répudié depuis si longtemps par la barbarie elle-même, existe encore, non pas *debout*, mais couché sur des rives où flotte le drapeau de la France..... L'esclave, comme Cicéron le disait des malheureuses victimes de l'infâme Verrès (cet autre infidèle proconsul romain) ne peut plus même de la croix où il est attaché, *porter ses regards mourants du côté de la mère patrie*, centre de la civilisation, où

[1] Voyez pièces justificatives.

les cris de l'humanité opprimée trouveraient tant d'échos (s'ils pouvaient-être entendus); il ne peut pas même contempler le ciel, le port lointain du salut de ceux qui souffrent dans cette vie, et que la mère des Macchabées montrait à ses enfants, pour les encourager au martyre.

Les malheureux esclaves sont ignominieusement couchés, nus, sans distinction d'âge ni de sexe, *la face renversée;* seulement *l'humanité veut* qu'une excavation reçoive le ventre des femmes enceintes! Eux aussi ils *embrassent la terre* qui est la mère commune de tous les hommes, la seule confidente de leurs sanglots étouffés! leurs poignets et leurs pieds étroitements serrés par des cordes, sont raidis et liés à des piquets enfoncés dans le sol, pour les empêcher de se débattre; alors le commandeur qui est peut-être le père, le frère, le fils ou l'époux de la victime, est obligé (sous peine d'être châtié lui-même) de faire l'office de bourreau[1]... alors commence le supplice de la taille, par les 29 coups de fouet, à la volée, du châtiment légal.— Il répugne de dire le reste[2]... C'est-à-dire, le pansement des plaies au jus de citron et au piment..., ainsi que les *suites*, pour la société

[1] Pièces justificatives, n°s 1, 2, 28.
[2] Ibid.

ou pour l'enfant, du châtiment de la mère, quand cet enfant, qu'elle porte dans son sein, meurt, ou que sa constitution est altérée par les coups qui sont infligés, à lui aussi, sans qu'il ait pu les mériter..... C'est là ce qu'on appelle dans ses modifications, le trois, le quatre-piquets, ou l'échelle, dont l'usage est non-seulement légal, mais très-ordinaire, même pour de faibles délits, vrais ou supposés. Et qu'on ne dise pas qu'il est de l'intérêt de tous les maîtres d'esclaves de ne pas commettre des cruautés qui pourraient nuire à leurs *droits acquis*. La passion livrée à elle-même ne calcule pas toujours.

On brise quelquefois une glace, un meuble précieux dans un accès de colère. Non! il n'est pas bon, dit Montesquieu, de laisser à une portion d'hommes, le droit de disposer arbitrairement du sort de leurs semblables.

MM. Granier de Cassagnac, Huc, Duclary et autres, qui ont voulu appliquer la théologie à l'esclavage, en faisant mentir les livres saints, ont-ils voulu aussi étendre la sanction de la religion sur de telles abominations, parce qu'elles sont *jugées nécessaires au maintien* de la *discipline* et que, malheureusement encore, elles sont légales [1]?

1 Voyez lettres du directeur de l'intérieur.

Mais après avoir entendu les idylles dorées de MM. Ch. Dupin, Jollivet et autres, sur la vie *patriarcale des maîtres*, leur philantropie, plus philantrope que celle de l'Angleterre, leur humanité, comme la meilleure garantie des améliorations à introduire, etc.; ainsi que ce qu'ils ont écrit sur la vie pastorale des esclaves, si heureux dans leurs *jardins*, dans leurs *cases* (où ils ont rencontré jusqu'à des lits d'acajou); qui reviennent même de la terre étrangère, comme des enfants prodigues, reprendre leurs chaînes après une évasion criminelle : on dira peut-être que les supplices dont nous parlons sont rares, qu'il y a progrès dans les conditions du régime de l'esclavage, surtout depuis que la question d'émancipation est à l'ordre du jour, *qu'elle est hors de page*, qu'elle est à *l'étude*, dans les cartons du Ministère.

Réponse. — Non !!![1]

On voit que ces faits sont de fraîche date.

Beaucoup d'autres esclaves, pendant le même temps, ont été exclusivement maltraités de toutes les manières et sans cause, mutilés, meurtris à coups de poing, de bâton, de talon, hachés à coup de fouet, de rigoise, etc.

[1] Voyez la masse des rapports et procès-verbaux dans les pièces justificatives.

Exemples :

Voyez les esclaves Coralie, n° 43 ; Adélaïde, 12, 44 ; Daniel, 7, 15 ; Simon-Valentin, 32, 33, 34 ; Séverin, 8, 9, 10 ; Armand, 16, 22 ; Jean, 13, 23 ; Pépel, 21 ; Andrinette, 19 ; Jean-Baptiste, 17 ; Sainte-Rose, 15, Félix, 57 ; Virgile, 30, 31, 36 ; Jean, Augustin, Vitalis, 3[illegible] ; Pauline dite Polixène, 101 ; Petit-Colas, 63 ; Lucina, 18 ; Rosette, 6 ; Jean-Baptiste, Himitée, 1, 2 ; Laurencin, 48 ; Colombe, 40, etc... indiqués dans les pièces justificatives sous les numéros ci-dessus.

On dira : mais l'autorité veille à la protection des esclaves [1]. Elle poursuit les sévices, les excès de châtiment [2].

Réponse. —Vous venez de voir les causes qui étouffent les plaintes..... Que pourraient faire les victimes?.... Il n'y a point de résultat..... (Voyez les affaires de Georges *Despointes, Viviers, Rosemond, frères Jaham,* etc.) L'acquittement par des assesseurs intéressés est une prime d'encouragement à la cruauté.

Voilà un extrait bien restreint des nombreux rapports et procès-verbaux que j'ai entre les mains. Je ne parle pas de beaucoup d'autres

[1] Voyez les lettres du directeur de l'intérieur,

[2] Voyez seconde série des pièces justificatives.

faits du même genre, constatés dans les annales judiciaires, quand des poursuites ont été dirigées, ce qui est rare, comme il sera prouvé.

Il y a habituellement bien des sévices exercés dans l'intérieur des habitations par des économes et des géreurs, qui échappent nécessairement à toute révélation ; mais il y en a beaucoup qui sont parvenus à ma connaissance par les rapports faits à mes subordonnés, consignés dans les archives des brigades, ou par des dépositions nombreuses de malheureux esclaves, faites verbalement et à moi, en particulier.....

Il faut dire que ceux que le désespoir et des châtiments excessifs portaient à faire cette plainte, étaient en bien petit nombre, comparativement à tant d'autres qui n'osaient pas risquer de s'exposer ainsi à de nouveaux châtiments ; c'est ce qui explique le silence des uns et la confiance des autres, qui s'adressaient plutôt à moi qu'à l'autorité judiciaire.

Que dire des châtiments qu'on appelle *disciplinaires*, avec le *bâton*, par exemple, *et la rigoise* (nerf de bœuf d'un mètre de longueur au moins), avec laquelle on peut tuer un homme, une femme, un vieillard et surtout un enfant, comme on l'a vu plus haut.

Parcourons les autres châtiments disciplinaires, que nous nous sommes proposé de signaler.

PRISON A L'HOPITAL, AU CACHOT, CEPS, ETC.

On dépense plus de figures de rhétorique dans les marchés publics, dans les halles, disait Dumarsais, que dans toutes les académies ; nous dirons, nous, qu'il y en a encore un plus grand nombre, et de plus hardies, au service des protecteurs de l'esclavage. Dans leurs discours et dans leurs écrits, tout, jusqu'aux objets les plus hideux, *revêt une riante image ;* ainsi pour eux les pays à esclaves sont un paradis terrestre : les nègres, même avant qu'ils fussent considérés fictivement comme des personnes, étaient *représentés,* eux aussi, en France, par M. Jollivet qui se *faisait gloire* à la tribune *de représenter* les esclaves, en qualité de délégué de la Martinique. Là, une centaine de noirs, éparpillés à coups de fouet sur des champs d'une lieue carrée, s'appellent un *atelier :* ces champs eux-mêmes, sur des versants de montagnes, dans des gorges plus ou moins profondes, où il n'y a que des cannes arrosées par la sueur de l'esclave, et des produits qui ne sont pas pour lui, reçoivent le nom pittoresque de *jardins.* Un malheureux blanc qui se fait *piqueur* de nègres, est un *économe*, comme le nègre *exécuteur*, est le *commandeur*, souvent plus dur que les maîtres eux-mêmes.

La propriété immobilière du maître s'appelle toujours *habitation*, nom féodal des temps classiques de l'esclavage. Ici, comme dans beaucoup de cas, le nom fait beaucoup à la chose; car ce genre de propriété, exceptionnel encore, à l'abri de l'expropriation forcée, échappe aux dispositions du code civil, dans un pays qu'on appelle la continuation de la France, *la France insulaire*; pays heureux! où un propriétaire, qui peut devoir toujours, et plus qu'il ne possède, a seul le droit, comme électeur, éligible, *membre d'un conseil souverain*, par la voie de l'intrigue, de *concourir* aux améliorations, etc., par la résistance opiniâtre et systématique aux projets de la métropole[1]!

Lisez la devise inscrite sur le drapeau de M. Huc : Résistance toujours! concessions jamais!...

J'abrége; je laisse à d'autres le soin de faire le dictionnaire politique à l'usage des colonies.

Venons à ce qu'on appelle hôpitaux, prisons, cachots, etc., à la Martinique.

[1] Voir les adresses des Gouverneurs et des conseils coloniaux, 1841, 1842, 1843, 1844 et 1845.

Malgré l'éclat de l'affaire Mahaudière et les plans géométriques présentés aux chambres par MM. Jollivet et autres, les hôpitaux en général et les prisons en particulier, sont loin d'être des *salles vastes* et aérées. (Je le sais, et les procureurs-généraux aussi.)

Si dans quelques propriétés les malades reçoivent des soins convenables, même des mains de leurs maîtresses, ainsi que l'a dit galamment M. Mathieu, on en trouve beaucoup d'autres où il n'en est pas de même, surtout quand les esclaves sont âgés et infirmes, comme on va le voir plus bas par quelques exemples *choisis*. D'ailleurs, il faut le dire, en général, sous prétexte de paresse, les esclaves ne sont admis à l'hôpital que quand la maladie, causée le plus souvent par un mauvais régime et par excès de travail, a déjà fait des progrès (quand ce n'est pas par excès de châtiments)[1].

Ces hôpitaux, qui servent aussi de *prison douce*, présentent souvent l'aspect d'un arsenal d'instruments de tortures....

Là, des barres de fer, des chaînes, des ceps en permanence, attendent les pieds des prisonniers.

Là, un vase commun, infect, est au pied

1. Voyez rapports et procès-verbaux.

d'une espèce de lit de camp, ou de planches qui servent de lits à des malheureux recouverts des haillons qu'ils portent habituellement.

Voilà pour les prisons ; mais c'est bien autre chose quand il s'agit de *carcere duro*, ou cachot proprement dit ! Ici encore, contrairement à M. Jollivet, qui ne les a vus qu'au travers des descriptions flattées de ceux dont il représente les intérêts et quelquefois les passions, tantôt ces cachots sont en bois, comme d'épaisses niches de dogues, — moins l'ouverture, qui est hermétiquement fermée, — et suspendus sur des poteaux au-dessus du sol ; tantôt ce sont de lourdes constructions en maçonnerie, isolées, séculaires..., qui *bravent* encore les lois — et les procureurs-généraux..., — qui ont étouffé bien des gémissements, bien des désespoirs !...

Nous dirons, nous qui les avons vus de reste : ce sont d'infâmes cloaques, où ceux, celles de quelque âge que ce soit qu'on y jette, sont suffoqués doublement, et par la privation d'air respirable et par leurs propres ordures.....

Sans parler de l'excessive chaleur, des piqûres de maringouins, des bêtes à mille pattes, crabes, chiques, scorpions, etc.....

C'est dans cet état que ces malheureux sont livrés pendant plusieurs mois (je n'ose dire des années), solitairement, aux plus affreux *loisirs* du désespoir, dont rien ne peut les distraire, à moins que ce ne soit l'aiguillon de la faim... De plus, presque toujours leurs pieds, leur cou, sont étreints par des anneaux en fer, des carcans à plusieurs branches réunies par de lourdes chaînes..... Encore, s'ils pouvaient se tenir debout!... Mais non : leur tête est refoulée comme sous la voûte d'un four, et leurs membres meurtris sont toujours affaissés sur la terre, dans cet ignoble sépulcre qui recèle encore quelque reste de vie.....

Le tonneau de Régulus au moins ne prolongeait pas tant l'agonie!....

Pour ceux qui n'ont pas vu ces tombeaux des vivants... de nos frères..., il faudrait emprunter au Dante, qui les a renouvelées des anciens, les descriptions des antres des enfers... où l'espérance n'entre jamais!

Je renonce à faire le tableau lugubre d'un autre genre de supplice, en apparence moins terrible, puisqu'au moins il permet de respirer l'air vital, de se mouvoir..., de se tenir debout, de voir le ciel..., qui est si beau dans les régions de l'esclavage!

La cupidité a trouvé le moyen de rendre pour ainsi dire la prison *mobile*, de la *construire* sur tout le corps de la victime, qui la traîne avec elle, — sans priver le maître de son travail.

Les hommes d'armes du moyen-âge étaient cuirassés, bardés de fer aussi; au moins c'était pour conserver leur liberté! Il n'est pas rare de voir des hommes et des femmes de tout âge exténués, décharnés comme des spectres.... chargés de fer, d'anneaux rivés, de colliers avec des chaînes quelquefois trop courtes.... qui les obligent à marcher courbés, de *jambières* pesantes, travailler dans les champs à la suite de ceux qui ont le libre usage de leurs membres.

C'est surtout ceux qui ont essayé de fuir qui portent avec eux, partout, cette garantie de leur *repentir*. Ils peuvent marcher, il est vrai, mais deux barres de fer réunies par un anneau entre les jambes des hommes et le collier à branches rigides qui maintient la tête des femmes, leur font cruellement *sentir* tous les mouvements qu'un rude travail et le fouet leur commandent[1].

Ce supplice est peut-être une tradition des temps anciens, de l'esclavage du moyen-âge; mais certainement il est inconnu en France.... il déshonorerait les bagnes eux-mêmes! Et ces atrocités qui révoltent, dans les pays de progrès où l'on a *fini* par apprendre *quelque chose* sur la dignité de l'homme, sont contemporaines de la plus brillante époque de la civilisation! Elles

[1] Voyez pièces justificatives, 3e série.

marchent côte à côte avec la liberté, sont à l'ordre du jour dans les colonies, paraissent très-naturelles à des hommes très-polis et quelquefois bien élevés, affables chez eux, qui exercent encore une gracieuse hospitalité envers ceux qui viennent officiellement *étudier* le régime de l'esclavage (mais non pas l'*inspecter*). Ces atrocités sont comprises dans la catégorie légale des châtiments disciplinaires, dont un procureur du Roi, M. Chevreux, a si bien dit dans un rapport au ministère, qu'on *sait bien où le droit de les infliger commence, mais jamais* où il finit.

Plus heureux que ce noble magistrat, nous pouvons indiquer pour éclairer la religion des législateurs, *où finit*[1] ce droit de la force brutale, *consacré*, par l'usage de l'abus, jusqu'à la cruauté. —C'est dans les lames écumantes qui servent de linceuls à des cadavres mutilés, qu'elles poussent aux rivages, *revêtus* des chaînes et des fers dont ils sont encore chargés.... ou bien dans les cimetières particuliers des habitations (véritable champ de repos cette fois), où sans prières, *sans contrôle*, sont enterrés à la hâte bien des martyrs de la discipline légale, *avec* les procès-verbaux de leur mort.

[1] Voyez pièces justificatives, 4e série.

Là, sous une terre légère (quand il y en a), la justice légale, la phrénologie aussi bien que l'humanité, pourraient étudier l'esclavage à l'aide de ces ossements blanchis par le temps, ou *qui ne le sont pas encore*.... soudés pour ainsi dire avec les fers qu'on n'a même pas pris la peine de ravir à la mort, ou peut-être pour constater aux siècles futurs, l'*état civil* d'une race d'hommes dont un peuple civilisé *voulait améliorer la condition!*

Ce n'est pourtant pas un martyrologe que nous écrivons; ce n'est pas pour la foi que tant de malheureux périssent, encore moins pour la civilisation et la liberté, dont les statues sont voilées dans ces lugubres parages; mais c'est dans un intérêt mesquin de commerce mal entendu, c'est en faveur du privilége exclusif de quelques hommes, dont le bien-être et la fortune reposent sur le malheur de leurs semblables!

Mais ces supplices trop souvent infligés par les maîtres et autorisés par la loi, ne sont peut-être pas le fait le plus caractéristique du sort affreux des esclaves : c'est le nombre des suicides parmi ces malheureux, qui s'accroît de jour en jour avec leur découragement. Qui pourra dire ce qui se passe dans le cœur désespéré de ces hommes si accoutumés aux souffrances et à l'abjection, ponr les porter à mettre fin eux-mêmes à une longue agonie par le suicide....

Exemples : Voyez procès-verbaux et rapports, 4e série, sur les nombreux suicides des esclaves... Ceux-là aussi bien que ceux qui s'exposent à périr dans les flots pour échapper à l'esclavage, pensent que la mort n'est pas le *plus grand des maux*, mais le dernier!

On a vu surabondamment que cette institution est mauvaise en soi, qui donne à un homme un droit à peu près illimité, comme par le passé, sur plusieurs centaines d'hommes, aussi bien que sur un moindre nombre. Il est tout à la fois accusateur, juge et bourreau ; il a protesté contre le droit de visite des magistrats ; l'administration elle-même, imbue des préjugés coloniaux ne veille pas à l'exécution du peu de lois faites en faveur des esclaves ; et celui d'entre eux qui aurait le malheur de porter plainte, pauvre, isolé, méprisé, serait sûr d'avance de succomber en justice devant son redoutable adversaire et d'expier bientôt sous un joug rendu plus cruel, l'*insolence* de son inutile tentative. Peut-il même s'éloigner des yeux du maître sans un *permis* écrit et signé ? et s'il le fait, n'est-il pas placé sous la prévention de marronnage qui lui mérite un châtiment *exemplaire*, selon les paroles des directeurs de l'intérieur? C'est ce qui explique le suicide de bien des malheureux....

Les articles des lois qui favorisent les colons sont rigoureusement exécutés avec les *usages* arbitraires qui ont force de loi, comme le travail de nuit, les corvées extraordinaires, le retrait du samedi, c'est-à-dire de la nourriture de la semaine, la défense d'aller sur d'autres habitations, etc.[1]. Mais les rares dispositions où le législateur paraît s'être souvenu des esclaves ne sont pas moins outrageusement méconnues par les maîtres, qui sont scandaleusement soutenus par les autorités. — Les ordonnances de *réformes*, d'*améliorations* du régime des esclaves ne sont pas même insérées dans le *Code officiel de la Martinique*; une ordonnance de 1828[2], qui renouvelait d'anciennes dispositions qui défendaient aux magistrats d'acquérir des *biens fonds* et de contracter mariage avec des créoles, n'a pas même été inscrite au *Bulletin des lois*, parce qu'on a livré les hautes fonctions de la magistrature aux créoles exclusivement, toujours! Et ce sont eux qui se rendent témoignage entre eux, dans les notes envoyées au ministère.

1 Voyez pièces justificatives, 5e série.

2 C'est d'après la discussion de la loi du 18 juillet 1845, que nous disons que c'est cette ordonnance de 1828, qui n'a pas été enregistrée : c'est une erreur ; c'est celle qui est venue après pour en rapporter les dispositions judicieuses, qui n'a pas été insérée au *Bulletin des Lois*.

Non-seulement les magistrats, les prêtres et autres fonctionnaires qui veulent faire leur devoir, ne le *peuvent pas*, abreuvés qu'ils sont de dégoûts ou renvoyés sous tous les prétextes, y compris celui de la calomnie. Mais les colons eux-mêmes, qui veulent se montrer humains, généreux envers leurs nègres, ou qui donnent des avis désintéressés dans les conseils du pays, sont obligés de s'expatrier pour échapper à une persécution incessante ou à des duels sans fin; c'est de M. P... que je parle, riche propriétaire de la commune de Saint-Pierre.

Donc, si faute de sanction pénale, l'ordonnance du 5 janvier 1840 n'a pu être exécutée, comme l'a dit un gouverneur de la Guadeloupe[1], en 1841 ; si l'arbitraire des maîtres n'est encore subordonné qu'à l'édit de 1685, malgré la législation nouvelle, qu'y a-t-il d'étonnant qu'ils abusent toujours de leur pouvoir absolu sur d'autres hommes qu'ils ne peuvent croire leurs semblables ? Pourquoi en chercher la cause autre part que dans des lois mauvaises, dont *l'application est confiée à des mains mauvaises?* S'il fallait une autre preuve caractéristique, que l'esclavage a fait son temps, qu'il *contient*, comme la *traite*, *tous les crimes*, et de plus tous les

[1] Voyez exécution de l'ordonnance de 1840; paroles de M. Gourbeyre.

maux....., qu'il ne peut être amélioré légalement, qu'il corrompt les maîtres en *assassinant* un peuple d'esclaves... il suffirait de consulter les relevés statistiques pour s'en convaincre.

Les naissances des esclaves dans les colonies sont bien au-dessous des décès... Ajoutez à cela les évasions croissantes.

« L'esclavage se consume de lui-même et doit « *s'éteindre* comme un incendie, quand il a tout « dévoré !... »

« On dirait que Dieu n'a pas voulu qu'un si « grand fléau fût perpétué et que, pour y mettre « un terme, il a changé l'ordre de la nature, et « frappé de stérilité les femmes qui devaient « l'alimenter éternellement par de nouvelles « générations[1]. »

Que dire d'un pays français où la souffrance des faibles est organisée légalement au profit des forts, où l'on ne voit que châtiments, tortures, prisons partout pour les opprimés, à l'exclusion des oppresseurs !...

On ne sait ce qu'on doit le plus déplorer, ou le sort du troupeau de malheureux qu'il renferme — ou de ceux qui ont la mission de le *garder* — avec tous les abus du régime légal établi !

[1] Moreau de Jonnès, Mouvement des populations.

SECONDE PARTIE.

Le système colonial, engendré par le régime légal de l'esclavage, corrompt les agents de l'autorité ou les rend impossibles.

Des publicistes ont dit que, quand on a été forcé par de bonnes raisons de ne pas tenir compte, dans les institutions, de quelques-uns des droits de la dignité de l'homme, il faut se résigner à accepter les applications de ce principe dans ses autres conséquences.

Nous croyons que ce principe est une erreur qui pourrait justifier les doctrines des Hobbes et des Machiavel.

Le comte de Maistre [1] a bien dit, après Montesquieu, que les lois politiques sont différentes dans les différents temps et dans les différents climats; mais l'un et l'autre ont établi, aussi bien que Gibbon[2], que la justice est le plus ferme fondement des Etats; ce qui est philosophique-

[1] Considérations sur la France, et Principes générateurs des constitutions humaines.

[2] Histoire de la décadence de l'Empire romain.

ment et moralement mauvais, ne peut être politiquement bon.

Pour abréger, nous allons droit au but, et nous dirons que l'*institution* de l'esclavage est *essentiellement mauvaise*, *immorale*, et qu'avec l'esclave et le maître, elle corrompt les fonctionnaires eux-mêmes, ou les rend impossibles.

Non, rien ne peut prescrire contre la dignité de l'*homme;* la justice ne perd jamais ses droits; tout ce qui est contre le droit naturel et contre l'humanité *est nul de soi* (Bossuet).

Assez et *trop long-temps* on a pu *étudier* les vices de l'institution bâtarde de l'esclavage; dans un contrat synallagmatique, quand même les bases ne seraient pas contraires au droit, l'obligation cesse, quand l'une des parties manque aux conditions stipulées.

Louis XIV a sanctionné cette vérité au moins en partie, quand, nonobstant les *droits acquis* des premiers seigneurs de la Martinique, il était *intervenu* dans la possession des premiers colons, même sans une *indemnité large et préalable*.

On peut voir dans les Archives ou dans le père Labat, les considérations qui avaient motivé l'ordonnance de revendication.

Une preuve qu'il ne faut pas pactiser avec l'erreur et l'injustice, et qu'il ne faut pas *attendre* si long-temps pour les améliorations à *introduire dans un régime reconnu mauvais en principe*, c'est qu'on n'a rien gagné depuis deux siècles en voulant modifier l'institution de l'esclavage, qui a toujours été transitoire et qui aurait dû cesser avec la féodalité, comme un édifice que le temps a miné dans ses fondements, et dont on ne peut prévenir la chute sur ceux qui s'obstineraient à l'habiter, qu'en le jetant par terre; de même, on ne peut réformer le code incohérent de l'esclavage, depuis l'édit de 1685 jusqu'à la nouvelle loi du mois de juillet 1845, qu'en l'abrogeant tout entier, et en le remplaçant par le code civil français.

On voit qu'un mauvais arbre ne peut produire que de mauvais fruits; que d'un principe faux, on ne peut déduire logiquement que des conséquences fausses; que les mêmes causes amènent toujours les mêmes effets; enfin, qu'une *longue étude pour préparer* l'émancipation, en moralisant les maîtres et les esclaves, n'a eu pour résultat que la perte d'un temps précieux en voulant concilier des choses impossibles; depuis Richelieu on doit *préparer* les nègres à la civilisation par la religion; on a dû étudier la question.

Une étude plus utile qu'il faut laisser à l'habileté des jurisconsultes, serait de faire l'*harmonie* des contradictions du code noir, revu et augmenté de la législation nouvelle, pour le supprimer tout à fait...

Là, dans un inextricable chaos, on verrait des ordonnances de 1830, d'un effet quasi-rétroactif, qui paraissent reprendre ce qui a été donné par d'autres; on y verrait des dérogations partielles, restrictives du droit ancien, lorsque l'ordonnance de 1828, dans des dispositions plus larges, abrogeait, d'une manière générale, tout ce qui leur était contraire dans le droit antérieur.

Encore si l'équité des magistrats coloniaux, suivait la législation nouvelle, toute imparfaite qu'elle est, dans ses dispositions répressives de l'arbitraire des maîtres; mais on peut dire que les ordonnances récentes ne sont considérées par les uns et par les autres, que comme une superfétation, un hors-d'œuvre de l'ancien code noir, dont on n'observe pas même les dispositions protectrices à l'égard des esclaves, malgré l'arrêt de la Cour de cassation sur l'art. 47 de l'édit de 1685 [1].

[1] La Cour de cassation, dans l'affaire de Virginie, a statué sur les *libertés de droit* et, par un jugement provoqué de la Cour royale d'Angers, les prétendus maîtres de Virginie ont été obligés à une restitution de 15,000 fr., comme dommages-intérêts.

Mais, il y a plus de cent personnes dans le même cas que Virginie; seulement elles ne peuvent se pourvoir à la Cour de cassation, parce qu'il faut d'abord un jugement, et que des libres

De toute cette législation surannée ou bâtarde, on n'accepte que ce qui peut favoriser l'arbitraire; on peut se dispenser impunément du reste.

La cause des châtiments comme les châtiments eux-mêmes, n'y sont restreints que dans les *limites du possible* [1]. (Pièces justificatives, 6e série).

Nous avons cité les nobles paroles de M. Chevreux, qui sont la plus judicieuse critique d'un code pénal dépourvu de toute sanction contre les excès qu'il paraît vouloir réprimer, et tel qu'il se compose de l'édit de 1685, si vaguement modifié par les ordonnances contradictoires sur la répression du *crime* de la traite,

tenus comme esclaves injustement, sont essentiellement trop pauvres; il faut de l'argent pour lever l'état civil... Supposé que le maire ne le refuse pas..., il faut un *permis* pour sortir de chez son maître, même quelques moments... Il faut de l'argent pour intenter un procès contre le maître.....

Supposé que l'esclave prétendu gagne le procès, pour faire exécuter le jugement, il faut en lever l'expédition, et pour tout cela il faut de l'argent, ainsi que pour recourir à la Cour de cassation. — Voyez la *Réforme* du 30 décembre 1845, 2, 12 et 28 janvier 1846.

[1] Voyez le rapport de M. Goubeyre, de 1841. (Exécution de l'ordonnance du 5 janvier 1840.) — Voyez les rapports des procureurs-généraux, dans la collection de M. Jules Lechevalier, et dans les procès-verbaux du rapport de M. le duc de Broglie, etc. — Voyez la discussion du projet de loi en 1845 aux deux Chambres.

celle du 24 septembre 1828, celle de 1839 et surtout celle du 5 janvier 1840; même après la prétendue charte coloniale de 1833.

On voit, après tant d'essais infructueux pour *améliorer* le régime *disciplinaire* des esclaves, ce que l'on peut espérer de la nouvelle loi de 1845. — Voyez la *Réforme* du 2 janvier 1846 et 28 du même mois.

Puisque nous avons prononcé le mot sacramentel de *discipline légale*, disons que c'est encore là un monstrueux abus d'un nom moral, qui tient la place de tout ce qu'il y a de plus immoral dans l'espèce; c'est le mot perfidement hypocrite, comme tant d'autres que nous avons déjà signalés, qui recèle toutes les formules d'arbitraire brutal et de despotisme cruel à l'usage de ceux en faveur de qui il a été créé; il entre toujours fatalement dans les rapports *véridiques* (quand ils se donnent la peine d'en faire), des maîtres barbares qui ont à justifier les sévices excessifs qu'ils ont cru devoir exercer, ou dans les décisions souvent regrettables des administrateurs et des magistrats qui les autorisent.

On peut voir ici des pièces officielles qui prouvent que de jeunes esclaves ont été cruellement châtiés, au nom de la discipline, pour n'avoir pas su servir de commandeurs, — lisez bourreaux — pour châtier leurs frères dans l'esclavage et quelquefois leurs parents[1]....

On ne le voit que trop, la discipline qui, dans le sens ordinaire, ne doit jamais excéder les limites légitimes du commandement, impose bien souvent *l'obéissance jusqu'à l'ignominie...*

C'est le pendant du système colonial, autre mot magique dont nous avons parlé. Ce sont là les deux leviers du pouvoir des maîtres et des autorités pour le malheur de l'humanité, dans ce pays exceptionnel. Pour le maintien de la discipline, toutes les présomptions sont contre l'esclave, en faveur du maître, *qui ne peut jamais mal faire*, dont il faut conserver le prestige à quelque prix que ce soit.....

Le système colonial, formé de tous les abus consacrés par l'usage, qu'on appelle traditions, droits acquis (contre le droit), est la loi suprême qui absorbe toutes les autres, même celle dite *charte constitutive des colonies* (qui n'a pas constitué grand'chose).

Ce palladium, cette *charte* dans la charte, qui exclut rigoureusement tout progrès, toute amélioration, est *gravée ès-cœurs* d'une poignée de Français d'outre-mer qui composent le sénat conservateur de la tyrannie ; c'est à une

[1] Voyez lettres du directeur de l'intérieur et procès-verbaux.

fraction intrigante de ce nouveau conseil des Amphictyons qui n'ont rien à perdre, que sont confiés les intérêts suprêmes de la patrie en danger (par l'émancipation). — Sentinelles avancées de la civilisation des îles, *ils peuvent mieux apprécier* que la métropole ce qui conviendra au bonheur et à la moralisation des esclaves ; ne sont-ils pas plus philanthropes que la philanthropie elle-même? nouveaux Fabius *temporiseurs*, ils sont sûrs de vaincre à l'aide d'une sage lenteur, garantie par les paroles déjà citées de M. Huc, membre du conseil colonial; résistance toujours, concession jamais.

Le système colonial est pour eux la religion de l'État, dont ils sont les grands prêtres : d'une tolérance magnanime pour tous les genres d'immoralité que ne proscrivent point les dogmes inflexibles de cette religion, plus puissants que la loi, *hardis contre Dieu seul...*, ils n'excommunient... que le progrès, les nobles sympathies!

Des fonctionnaires et des prêtres qui leur ont été envoyés à grands frais par la métropole, ils ne conservent que ceux qui leur ont donné des *garanties*; il leur faut des missionnaires *éprouvés*, et qu'ils éprouvent encore, eux, de bien des manières, ainsi que les autres fonctionnaires, tant civils que militaires. Si des hommes à sentiments généreux se trouvent dans ce nombre, on n'épargne rien pour les abreuver de dégoûts ou les sacrifier ouvertement.

Enfin, le système colonial est la discipline des esclaves appliquée aux Européens, aux fonctionnaires de toutes sortes, et à laquelle tous doivent obéissance et hommage, depuis le gouverneur jusqu'au plus humble des employés, sous peine d'être impossibles ! Comme le maître peut envoyer un esclave aux quatre piquets, au cachot, aux fers, sans être justiciable que de sa conscience (mot devenu trivial, dont abusent le plus ceux qui l'invoquent davantage, à peu près comme l'honneur); ainsi le gouverneur *peut* destituer, briser, embarquer tous ceux qui lui sont signalés par la voix mystérieuse des représentants du système colonial, dont les oracles traversent les mers... et font taire ceux de la France [1].

Comme ceux des maîtres, on sait bien où commencent les droits que donnent au gouverneur les lois de la métropole, tempérées par celles du conseil souverain, mais on ne peut savoir où ils s'arrêtent.

Les pouvoirs *discrétionnaires* dont il est armé, et qui n'ont de limites que pour le bien, le ren-

[1] Lettres confidentielles, etc.

dent formidable à tous, excepté aux forts. Plus puissant que le roi, qui lui au moins ne peut faire le mal par une fiction de droit, pour lui, c'est la *responsabilité* seule qui n'est qu'une fiction.

En plein gouvernement constitutionnel, il est revêtu d'une dictature réelle, sous les ordres d'une oligarchie constituée. Il n'est pas étonnant, dans un tel état de choses, où tout est exceptionnel, l'humanité, la loi, la justice, que l'on trouve les mêmes abus dans l'organisation administrative que dans celle des ateliers; les mêmes causes produisent les mêmes effets. C'est le code noir appliqué aux blancs d'Europe dans les colonies.

Nous avons esquissé le tableau lugubre des châtiments que la loi, telle qu'elle est, autorise à l'égard des malheureux esclaves. Il nous resterait à tracer *parallèlement* l'esquisse des châtiments et des peines que l'administration peut infliger au *courage malheureux* des fonctionnaires de tous les ordres, qui ont *rencontré des obstacles* dans l'accomplissement de leurs devoirs. Ce serait un autre martyrologe qu'il faudrait faire, quoique malheureusement il soit moins *riche* que celui des esclaves; mais au moins c'est pour la justice et la morale que souffrent les fonctionnaires, quand ils souffrent.

Ainsi, les magistrats, les prêtres et les militaires, pour qui les hommes de couleur, fils ou frères des blancs, sont des citoyens, pour qui les esclaves sont des hommes, sont des *inconvénients* pour le système colonial comme pour l'administration elle-même..... On scrute les intentions, les opinions de ces hommes honorables, on les renvoie en France comme *dangereux*, parce qu'on ne peut pas renvoyer les lois, la raison, l'humanité, qui sont *dangereuses* aussi; aux uns on impose un congé de convalescence qu'ils n'ont pas demandé, et malgré leurs protestations pour ne pas *en profiter*; les autres vont rendre compte au ministre, des calomnies qui ont *motivé* leur *renvoi* de la colonie.

Il n'en est pas de même des magistrats créoles que l'on croit devoir conserver..., malgré les lois..., parce que *ceux-là savent vivre!* et ne donnent point d'embarras à l'administration, ainsi que les prêtres créolisés, comme M. Jacquier, qui possède des esclaves, et qui savent obéir et approuver le régime de l'esclavage; pour ceux-là, il y a profit et croix d'*honneur!* et ils sont *invulnérables à la calomnie*[1].

Laissons aux jurisconsultes distingués et indépendants qui ont fait les codes du droit ad-

[1] Voyez pièces justificatives, 7e série.

ministratif en France, comme MM. Cormenin, Isambert, Ledru-Rollin, etc., le soin de faire l'histoire, s'il est possible, du droit administratif des colonies, tel qu'il existe, avec tous les abus dans l'application.

Nous ne parlons pas de ce qu'il y aurait à reprocher depuis longtemps aux différents gouverneurs des autres colonies, et des obstacles qu'ont rencontrés à la Martinique quelques-uns des gouverneurs qui ont voulu mieux faire, et qui sont connus, tel que M. le contre-amiral Demoges; mais on a vu le gouverneur actuel, M. Mathieu, ce représentant du roi, *remercier de leur loyal concours*, les *représentants* de la résistance coloniale, qui, dans leur discours d'adresse, signalaient, comme les plus grands *fléaux*, les projets *d'améliorations, de progrès*, etc., sur lesquels le gouvernement du roi invoquait leurs lumières et leur *expérience*[1].

On a vu sa condescendance pour le baron de L'Horme, riche planteur, et ses amendes honorables, comme dédommagement de la disgrâce que lui avait fait éprouver un magistrat (M. Chevalier), qui n'avait fait que son devoir : enfin, on a vu les exportations d'esclaves sur la terre étrangère continuer malgré les lois et au nom

[1] Voyez pièces justificatives, 8e série. (Voyez adresses du conseil colonial du 16 décembre 1844.)

de la loi. Les cartons du ministère conservent bien d'autres faits, sans compter ceux dont les documents n'y parviennent pas, relativement à l'exportation aussi, sous différents prétextes de bien des fonctionnaires, *qui ne conviennent pas*, parce qu'ils conviennent aux intentions de la métropole.

D'après un axiome qui a force de loi et qui est malheureusement en usage, qu'il faut laisser aux chefs de service la responsabilité de leurs actes, dont ils ne répondent jamais utilement... pour ceux qui ont été victimes ; le gouverneur leur délègue, sans examen, une partie de ses pouvoirs discrétionnaires ; celui-ci, dans la haute région qu'il habite, n'intervient que pour sanctionner de *confiance* les arrêts arbitraires qu'ils prononcent trop souvent contre les malheureux esclaves et les fonctionnaires qui déplaisent [1].

Et ce sont des colons, des conseillers coloniaux qui leur dictent ces arrêts : ils sont aussi *seuls juges* du châtiment infligé aux magistrats, prêtres et militaires, pour des faits qui intéressent le système colonial, comme ils le sont des faits de discipline à l'égard des esclaves : et comme on appelle un *exemple* déplorable la ten-

[1] Voyez pièces justificatives.

tative d'évasion d'un malheureux nègre, qu'il faut punir d'une manière *exemplaire*; la conduite généreuse de ces fonctionnaires qui ne veulent pas transiger avec les abus est réputée *dangereuse*; avec des lettres confidentiellement occultes[1] envoyées en France, on obtient leur rappel, on les suspend *provisoirement* de leurs fonctions, malgré les bons témoignages de leurs supérieurs et les réclamations de la partie saine de la population.—Le gouverneur, qui leur a d'abord rendu justice, les fait juger frauduleusement sans qu'ils soient entendus eux-mêmes... De peur de scandale, ils sont renvoyés à la hâte, dans la crainte qu'ils ne reçoivent trop de témoignages de sympathie de ceux qui reconnaissent dans ces honorables proscrits, les martyrs de l'humanité; enfin, ils sont mis à la disposition du ministère en France, parce que leurs ennemis, qui sont aussi ceux du gouvernement et de toute amélioration, ont fait rendre *compte* (à leur manière) au ministre des *circonstances* qui ont motivé leur départ.

Quant au clergé, il faut bien qu'il subisse aussi l'influence coloniale. Les prêtres, qui cher-

1 Voyez l'affaire de M. l'abbé Salmon, persécuté comme abolitionniste, après dix-huit ans de travaux dans les colonies, et pendant qu'il venait en France présenter au ministère un projet de travail d'utilité publique.

chent à inspirer des sentiments religieux et à former les esclaves aux devoirs de l'homme, sont repoussés par les colons sur la plupart des habitations, parce qu'ils prétendent que l'instruction religieuse des noirs est un moyen mis en œuvre pour préparer les voies de l'émancipation; aussi plusieurs ecclésiastiques distingués ont-il été l'objet de persécutions constantes; quelques-uns ont été renvoyés et d'autres sont partis par découragement.

M. Jacquier, vice-préfet apostolique, qui devrait être leur soutien, est le premier à vouloir les éloigner de la colonie ou à les abandonner lâchement, pour se rendre agréable à ceux dont il espère les suffrages, aussi est-il, comme plusieurs autres, possesseur d'esclaves.

Les missionnaires, qui ont véritablement compris leur belle mission, et qui ont eu assez de courage pour prêcher l'Evangile, en ont été empêchés, tels que feu M. l'abbé Réveilhac, qui a non seulement été sacrifié aux susceptibilités du système colonial, mais qui est mort par suite du chagrin que lui ont causé toutes les tracasseries de l'administration, et auquel M. Mathieu n'a pas même daigné accorder l'audience qu'il avait sollicitée, en lui envoyant son livre, intitulé le *Bonheur des Familles et de la Société*.

Quand ils sont renvoyés comme dangereux,

parce qu'ils ont fait vibrer certaines cordes évangéliques, qu'on ne fait pas vibrer impunément, il ne faut pas s'étonner de les voir condamner, même en France dans une maison coloniale [1], où l'on enseigne, au nom de la religion, la *légitimité* de l'esclavage, et la *nécessité* de la *prudence* aux prêtres qu'on envoie moraliser les esclaves [2].....

Tout se tient, tout est conséquent dans le système colonial, pour perpétuer les abus et corrompre les agents de l'autorité, ou les rendre impossibles; là où les magistrats ne peuvent fixer les limites des châtiments des esclaves, enfermés qu'ils sont dans un dédale de dispositions légales, d'où ils ne peuvent sortir; les médecins ne doivent pas savoir compter au-delà de 29 les coups qui ont pu porter dans les mêmes sillons du corps des malheureux, sur lesquels ils ont à faire un rapport.

M. Charles Dupin a bien prouvé, en pleine chambre, la *légalité* de la résistance des conseils coloniaux.... ainsi que l'*illégalité* du droit des procureurs-généraux de faire détruire les

[1] Séminaire du Saint-Esprit à Paris.

[2] Voyez lettres de M. l'abbé Dugoujon, qui a eu l'honneur d'être chassé de la Guadeloupe.—Voyez pièces justificatives, 9ᵉ série. — Voyez l'ouvrage de M. l'abbé Castelli, chez Pagnerre, 1844, et Lettres de M. l'abbé Dugoujon, 1829, chez le même libraire.

cachots sur les habitations (discussion de la loi 1845).

Là où les maires peuvent faire saisir impunément les discours prononcés à la Chambre des Pairs contre l'esclavage, ils peuvent bien aussi rendre inutiles les affranchissements de droit, d'après l'art. 47 du code noir, en refusant de délivrer des actes de l'état civil, à des malheureux qui sont injustement détenus comme esclaves, quoique libres de droit. Il a fallu l'arrêt d'un juge courageux, M. Meynier, pour forcer le maire du Prêcheur à enregistrer un acte d'émancipation prononcé par la loi. Voyez la *Réforme* des 3 et 17 janvier 1846.

Lorsque les conseils coloniaux, comme à la Guadeloupe, peuvent empêcher l'exécution d'un arrêt de la Cour de Cassation, sur l'affranchissement de droit, d'après l'article 47 de l'édit de 1685, le conseil privé de la Martinique peut bien entraver la liberté des élections et favoriser les intrigues du monopole[1], comme le gouverneur peut se croire obligé de se dispenser de donner un dîner officiel au conseil colonial, pour n'avoir pas à inviter un conseiller colonial qui ferait tache à sa table, parce qu'il appartient à *l'ancienne classe de couleur*, qui ne devrait plus

[1] Voyez la *Réforme* du 30 déc. 1845, et 12 janv. 1846.

exister depuis la loi d'avril 1833 et même d'après l'ancien code noir, *non falsifié*, article 59.

Aussi, comme c'est plutôt par les actes que par les paroles que l'on peut juger les hommes, on pourra croire à la bonne volonté des législateurs qui président aux destinées des colonies pour les régénérer, quand leur conduite pour ce but sera aussi conséquente que celle des adversaires de tout progrès et des conservateurs du *statu quo*, qui ne veulent voir dans les améliorations promises par la France, qu'un changement de nom, sans différence dans l'intérêt respectif des maîtres et des esclaves. (Voyez le discours de MM. Levasseur, de Carné, etc. Discussion, loi de Mackau et adresse du conseil colonial de la Guadeloupe et de la Martinique, 1845.)

Alors on ne verrait pas une plainte scandaleusement portée au gouverneur en conseil privé, contre un juge intègre, M. Hardoin, comme ayant attaqué le régime légal de l'esclavage, parce qu'il a dirigé des poursuites contre des hommes accusés de crimes atroces envers leurs esclaves.... pendant que les prévenus sont conduits en triomphe à la Cour d'assises..... où ils ont été acquittés[1] ! »

Ainsi donc, comme nous avons tâché dans la

[1] Voyez rapports et procès-verbaux. — Voyez la *Réforme* du 30 décembre 1845 et 20 janvier 1846.

première partie de ce mémoire, de signaler à la religion et à l'humanité des législateurs, les réformes radicales dans les lois pour le régime des esclaves, il y aurait parallèlement une profonde réforme à désirer dans l'économie de l'administration elle-même, par rapport aux choix, aux attributions, à l'indépendance et à la responsabilité des fonctionnaires, pour travailler efficacement au grand œuvre de la transformation de la société coloniale; en un mot, il faudrait de bonnes lois conférées à de bonnes mains, pour réparer le mal des mauvaises lois confiées à de mauvaises mains [1] !

[1] Les magistrats intègres seront toujours rares, si non impossibles, sous un régime où tout devient obstacle au bien qu'ils sont appelés à faire. Ceci nous amène naturellement à dire combien le départ, de la colonie, de M. de Cussac, conseiller à la Cour Royale de la Martinique, a été regrettable.

Qu'il me soit permis de faire connaître que ce magistrat a laissé d'honorables souvenirs dans nos Antilles ; on l'a vu toujours écouter avec bonté les réclamations des malheureux, et mettre la plus grande impartialité, ainsi que la fermeté désirable à leur faire rendre justice.

M. de Cussac a couronné sa longue carrière dans nos colonies, par une publication sur la situation des esclaves, livre dans lequel on retrouve le caractère qu'il a montré pendant le long exercice de la place de conseiller, amour de la vérité, de la justice; nous ne craignons pas d'ajouter, nous, qui avons aussi habité la Martinique, et qui avons même, par nos relations sur tous les points de la colonie, pu être mieux informé, qu'il s'en faut bien qu'il ait tout dit sur le sort de ces malheureux esclaves; car on trouve dans son ouvrage, cette modération qne le magistrat dont la tête a blanchi dans de hautes fonctions conserve toujours.....

Si Jean-Jacques Rousseau a pu dire dans un sophisme spécieux, qu'avant d'affranchir les corps (des esclaves) il fallait commencer par affranchir les âmes; on peut dire avec vérité que la condition des sociétés dépend des institutions; que tous les systèmes d'améliorations à introduire seront incomplets et illusoires, tant qn'on n'aura pas travaillé à l'affranchissement moral de tous ceux qui doivent y concourir; — maîtres ou fonctionnaires. — Quand la logique et l'humanité entreront dans les lois, la morale n'en sera pas exclue : —la constitution de la famille des nègres et les unions légitimes ne seront plus impossibles, quand l'ignoble quatre-piquets qui outrage encore la morale publique, sous la protection de la loi, ne sera plus appliqué à des jeunes filles et à des femmes, sous les yeux de ceux dont elles pourraient devenir les épouses........; —les fonctionnaires intègres ne seront plus rendus impossibles !

Nous comprenons toute la prudence qui doit présider aux mesures à prendre à la solution d'une grande question, mais nous ne croyons pas, qu'elle doive être imprégnée d'une sage *lenteur* dans l'immobilité.

Attendre est sage, a dit M. le duc de Broglie, à la condition qu'on attende quelque chose.

De même, indiquer un but est bien, à la

condition d'employer les *moyens* d'y arriver.

Puisque c'est l'esclavage, cette tache hideuse de la civilisation actuelle qu'on veut faire disparaître de nos institutions, que l'émancipation des nègres n'est plus en question, que c'est un principe conquis par l'humanité et la raison publique; la liberté est le but que les agents du gouvernement doivent se proposer d'atteindre eux-mêmes et qu'ils doivent indiquer à de justes espérances. Mais c'est une liberté vraie dont il s'agit, et non pas une liberté illusoire, déguisée sous des formes qui la détruisent, comme l'apprentissage indéfini du travail forcé.

C'est moins les noms qu'il faut changer que les choses elles-mêmes ; c'est un nouvel élément social qui doit venir prendre sa place au soleil de la civilisation.

Le but que doit se proposer le gouvernement, a dit Montesquieu, est de donner des garanties à la liberté et à la sécurité de *tous*, et non de procurer le bonheur d'une partie de la population, au détriment de l'autre. Les aptitudes, les forces, les besoins réciproques de tous, sont les lois de l'équilibre social. Chaque chose trouve sa place d'elle-même dans la libre concurrence qui est le régulateur de la production et du travail; nous sommes heureux de rencontrer le témoignage d'un observateur grave qui a étudié la question sur place, et dont le noble dévouement à la belle cause des esclaves est si connu par d'importants ouvrages ; M. V. Schœlcher dit, dans différents écrits, mais surtout dans celui qui a pour titre : *Abolition de l'esclavage*, etc., pages 150 et 151 :

« De quelque façon que s'occupent les esclaves émancipés, peu importe en réalité par quel genre de travail il leur plaît de gagner leur vie ; nous refusons, nous, formellement, d'admettre avec les fauteurs de l'esclavage « qu'il n'y a pas d'affranchissement acceptable, s'il ne conserve à la population affranchie son caractère agricole. C'est encore de l'arbitraire, des conditions à ce qui n'en doit point avoir. Non, ce qu'il faut, c'est que la population affranchie ne tombe pas à la charge de la communauté, n'y apporte point d'embarras. On espére (et l'expérience anglaise le démontre) qu'après le premier bouillonnement chaque chose reprendra sa place ; allez, ne redoutez rien, ni l'oisiveté, ni la barbarie ; le nègre, au milieu de la civilisation, sera bien vite sollicité par des besoins qui le rendront laborieux et provoqueront son industrie.

« La conciliation du travail avec la liberté est infaillible ; le fait aplanit bien des difficultés théoriques, la société ne se manque jamais à elle-même. Un groupe d'hommes se complète toujours; une fois tous les cadres des ouvriers de la ville remplis, vous verrez vite refluer vers la campagne ceux qui n'auraient point trouvé d'emploi....... »

C'est de l'*émancipation* qu'il s'agit et non pas d'améliorer seulement le régime de l'esclavage, comme a fort bien observé M. Portalis dans la discussion de l'an dernier, et comme l'ont entendu les représentants de la France à l'occasion d'une pétition de 7,000 ouvriers. De nobles paroles ont retenti dans les deux sanctuaires des lois, en faveur d'un nouvel état de choses aux colonies.

Si l'on a enfin conquis quelque chose, ce n'est pas seulement à l'aide d'une simple ordonnance, dont l'effet est si souvent éludé, ni même d'un engagement des ministres dans des circulaires et des actes officiels, qui n'obligent pas le gouvernement lui-même, comme l'a remarqué M. Mérilhou.

C'est à l'aide d'une loi, cette fois, que la question de l'émancipation, depuis si longtemps à l'ordre du jour, a fait un pas, non dans le domaine du fait et de la réalité..... au contraire, mais au moins dans celui du droit.

Cette loi, c'est la *gestation* de l'homme libre, la transformation initiale de l'esclavage en personnalité, au moins en germe. C'est à ce titre qu'elle a été votée, malgré ses contradictions, ses anomalies, qui ont été signalées avec un rare talent par des orateurs inspirés par le seul intérêt de la justice et de l'humanité; on a déjà pu en juger le peu de portée réelle par le long délai de la promulgation, par les nombreuses impossibilités créées dans l'application et la déception dont elle est suivie. Le titre seul de cette loi en est la condamnation, en fausse l'esprit et indique assez qu'elle est à côté de la question; ce serait un progrès en arrière, si elle ne servait à démontrer l'insuffisance de toute mesure transitoire.....

Quoi! l'esclavage est jugé... il n'est plus dans nos mœurs... il est impossible à maintenir, il est répudié comme immoral, par ses lois, comme l'effet du crime qui contient tous les crimes à la fois (ordonn. contre la traite), et par le *rachat forcé*, à la charge de l'esclave qui ne pourra jamais forcer son maître à ce rachat, sans consacrer le principe de la propriété-homme, sous le nom de droits acquis! C'est par *un autre* que toutes les rédemptions se sont faites, et elles supposaient une expiation ou un droit...

Et ici, vous voulez que les esclaves se rachètent eux-mêmes? Quel est leur crime?.... quel droit a pu leur ravir leur liberté, qu'ont-ils à expier encore, et avec quoi peuvent-ils se racheter, quand même ils auraient d'autres juges que leurs maîtres ou des magistrats créoles? La loi est un levier, mais où est le point d'appui? Finissez-en donc avec l'esclavage, qui abrutit les esclaves, corrompt leurs possesseurs avec les agents de l'autorité, et rend *impossibles toutes les bonnes lois*, excepté celle de l'affranchissement général, confiée à de bonnes mains.

Ce n'est point, je le répète, une faveur, une faculté qu'il s'agit d'accorder, mais bien l'exercice d'un droit imprescriptible qu'il faut rendre. Or, la *liberté civile* est le droit pour les individus de faire respectivement tout ce qui ne peut nuire aux autres, en se conformant aux lois de la communauté.

Chacun peut user de ses facultés, de son intelligence, de ses forces, dans les limites de ses intérêts et de ceux de la société.

La liberté, comme la vérité est tout d'une pièce; elle existe toute entière, ou elle n'existe pas; ceux à qui on ne peut la refuser plus longtemps, mieux servis par leurs instincts raisonnables que par l'artifice des raisonnements, ne se passionneront pas pour une promesse trompeuse..... comme une vue de mirage dont le tableau fantastique s'éloigne toujours à l'horizon, ou ces lueurs incertaines, ces feux follets qui égarent le voyageur dans les ténèbres.

Quand ces principes seront acceptés comme point de départ, et cette réalisation de l'idée de liberté comme but, nous regarderons comme sérieuses toutes les questions proposées à *l'étude* du Ministère et qui seront bientôt résolues... par la raison qu'elles auront été nettement posées... Les hommes généreux accepteront ce terrain de la discussion des moyens à prendre pour concilier le travail avec la liberté, qui en est inséparable, (excepté pour les rentiers) pourvu que chacun ait droit de choisir son travail, qui ne peut être *forcé*, dans l'intérêt exclusif d'une partie de la société, au détriment de l'autre.

Il faut s'attendre à ce qu'une transformation sociale, qui n'occasionnerait aucune secousse, si elle était bien dirigée, ne se fera pas sans un changement dans la position et les intérêts respectifs de la population. Quitter et retenir ne se peut; donner et reprendre ne vaut.

Une modification dans le régime des cultures[1], au préjudice du monopole actuel de la grande

[1] C'est surtout pour les affaires commerciales avec les colons que le crédit est nécessaire : or, on ne peut prêter à ceux qui peuvent devoir toujours.....

Les réformes dans les lois fiscales seraient le complément des améliorations qui doivent préparer la transformation de la société coloniale.

C'est surtout par l'industrie, a dit M. Granier de Cassagnac, dans son *Histoire des Classes ouvrières*, que les serfs se sont élevés dans les rangs de la bourgeoisie ; c'est donc l'industrie culture, de concert avec celle des lois de douanes, serait l'effet et la garantie de la nouvelle organisation du travail, qui se ferait d'elle-même par le contre-poids des intérêts, comme toutes les forces de la nature qui tendent toujours à se mettre en équilibre.

Voilà comme nous comprenons la grande réparation des maux de l'esclavage par l'émancipation, et qui a été l'objet de nos méditations, dans l'intérêt de l'humanité et de la civilisation.

Si une *préparation* est nécessaire, pour arriver à cette pressante réhabilitation d'un grand nombre de malheureux qui sont nos frères..... nos semblables... (excepté par leurs fers), nous croyons fermement que ce sont les institutions qui ne sont pas *prêtes!* et les dispositions du pouvoir et les maîtres qui ne sont pas *prêts!*.... plutôt que les esclaves, qui sauront bien marcher..... quand on leur aura dit : levez-vous et

que les lois fiscales doivent favoriser, en réduisant l'impôt des produits manufacturiers, à l'importation et à l'exportation, comme l'a si bien démontré M. Blanqui, dans une excellente dissertation sur les réformes du régime des douanes en France.

Pour ne parler que de la fabrication du sucre des colonies, la surtaxe des sucres blancs à l'entrée en France, équivaut à une prohibition ; on n'envoie que des sucres bruts, qui perdent au moins 10 pour 0/0 dans le transport....

Sur cent navires... il y en a dix qui ne portent qu'un frêt inutile... un sirop infect est perdu dans la mer, etc...

marchez..... —après avoir rompu les liens de leurs pieds.....

Il n'y a d'hommes libres et moraux, que ceux qui ont la responsabilité de leurs actes..... On n'apprend donc la morale que dans la liberté... par le besoin, l'exemple et les actions, plutôt que par des discours.

Nous ne sommes pas prophètes, ni fils de prophètes, mais nous répéterons après des hommes à nobles convictions, qui joignent de hautes lumières à une longue expérience :

Tant que le *droit* de saisie réelle, base du crédit, comme de la *vraie* représentation du pays par les élections, ne sera pas promulgué..... tant que les magistrats et les assesseurs ne pourront-être indépendants et désintéressés..... aussi bien que tous les fonctionnaires envoyés par la métropole pour faire exécuter ses volontés..... tant que le conseil colonial, faussé dans sa composition, par le vice même des élections, fondées elles-mêmes sur une fiction, ne représentera pas l'esprit et les besoins bien compris du pays, on n'aura pas même commencé a préparer les sages réformes promises depuis si longtemps.....

Avant d'élever un nouvel édifice sur la place d'un autre qui tombe de vétusté, ou qu'on veut démolir..... il faut d'abord préparer le terrain, il faut déblayer.

Quand les hautes fonctions administratives, données souvent plutôt au besoin de fortune ou d'avancement qu'à la capacité, seront confiées dans le seul intérêt de la chose publique à des administrateurs *spéciaux*, préparés de longue main par l'étude des lois et l'expérience des affaires publiques ; alors les bons gouverneurs, les agents de l'autorité qui font leur devoir ne seront plus une exception, un *accident heureux!*

Tant que le clergé ne sera pas mieux organisé, que les prêtres pourront avoir des esclaves, écrire pour maintenir l'esclavage, avec l'approbation de toutes les autorités coloniales, comme viennent de le faire les abbés Jacquier et Rigord; que la calomnie servira de prétexte pour chasser ceux qui de jour en jour deviennent plus rares, et ne veulent point faillir à leur mission; enfin, tant que la discipline qui régit les esclaves ne sera garantie que par des châtiments cruels, arbitraires, qui peuvent corrompre ceux-mêmes qui les infligent et ceux qui en sont témoins, en déchirant tous les voiles de la pudeur devant des regards lubriques;...— la discipline servira de prétexte à l'immoralité la plus barbare!... — le mariage des nègres, l'institution de la famille, la moralisation, l'amour du travail, l'introduction du nègre dans la civilisation, seront impossibles et *l'heure* de l'émancipation sera retardée; — on n'aura préparé qu'une immense déception... qui peut-être fera ouvrir les yeux à tous... mais trop tard...

La circulaire qui accompagnait l'ordonnance du 5 janvier 1840, contenait déjà une invitation aux fonctionnaires des colonies, de concourir à éclairer le gouvernement du roi sur l'état des esclaves.

Mais l'accueil bienveillant que j'ai reçu de son Excellence M. le Ministre de la Marine, à mon retour de la Martinique, la généreuse sollicitude dont ses paroles étaient empreintes pour l'amélioration du sort des malheureux esclaves, m'imposeraient le devoir de ne pas retenir la vérité captive, pour éclairer la religion et les nobles intentions de Son Excellence, comme celles des législateurs de la France : c'est l'unique but de cet ouvrage.

PIÈCES JUSTIFICATIVES.

PREMIÈRE SÉRIE.

GENDARMERIE COLONIALE.

N° 1.

Ce jourd'hui vingt-quatre juillet mil huit cent quarante-cinq, à onze heures du matin environ,

Nous, Georgin (Jean), brigadier, commandant la brigade du Vauclin ; et Coget (Timothée), gendarme au même lieu, revêtus de notre uniforme ;

Faisant notre surveillance, suivant la loi et conformément aux ordres de nos supérieurs,

Certifions avoir entendu dire par la clameur publique, que dans la matinée du treize courant, la nommée Himitée, esclave de l'habitation Massy-Massy, appartenant à M. De Souci, propriétaire au Vauclin, avait été flagellée de vingt-neuf coups de fouet, avait été garrottée sur une échelle, aux pieds et aux mains; pour que ses fesses soient plus élevées, l'on a ajouté un billot gros et court, sous le ventre de cette femme, pour que les coups de fouet soient mieux appliqués. Cette femme a reçu plusieurs coups de poings à la figure, a eu trois dents de cassées, a également l'œil droit perdu; elle est sourde d'une oreille; toutes ces blessures proviennent des coups qu'elle a reçus par M. Jules Dispagne, géreur de cette habitation; c'est lui-même qui a ordonné au commandeur Hippolyte, d'infliger vingt-neuf coups de fouet à cette femme, et de la faire amarrer sur une échelle, et lui faire placer le billot sous le ventre; il en est résulté que Himitée, étant enceinte de quatre mois, a fait une fausse couche le quatorze; c'est la nommée Adèle, esclave de la même habitation, qui est sage-femme, l'on présume que c'est elle qui a accouché Himitée; il s'en est suivi une forte maladie; M. Héris Remy, médecin au Vauclin, a été faire sa visite sur cette habitation, a demandé ce qu'il y avait de nouveau à M. Jules Dispagne; on lui répondit que tous les malades se trouvaient à l'hôpital; on ne lui fit point mention de l'esclave Himitée, vu qu'elle se trouvait renfermée dans ce moment à la salle de police.

Nous avons rédigé le présent procès-verbal, pour être remis à M. le Procureur du roi de l'arrondissement du Fort-Royal, et copie en être adressée hiérarchiquement à M. le Commandant de gendarmerie de la Martinique à Fort-Royal.

Fait et clos au Vauclin, les jour, mois et an que dessus et d'autre part.

COGET. GEORGIN.

Vu et enregistré à la Lieutenance, sous le n° 121.

SCHENCK.

Nota. M. de Cussac a dit avec vérité que la loi punit plus sévèrement l'esclave, pour la moindre faute, que celui qui le tue!...

En voici un exemple : Jules Dispagne, qui rivalise en cruauté avec les plus cruels bourreaux des religieuses de Pologne et de l'antiquité..... n'a été condamné qu'à quinze jours de prison !...

Et qu'avait fait l'enfant que la malheureuse portait dans son sein !!!

La justice n'est-elle pas complice elle-même?... quand elle ne réforme pas les lois et les hommes, sous l'empire desquels ces atrocités peuvent se renouveler !

N° 2.

Fort-Royal, le 30 juillet 1845.

A MONSIEUR LE GOUVERNEUR DE LA MARTINIQUE.

Monsieur le Gouverneur,

J'ai l'honneur de vous rendre compte, que des actes d'une féroce brutalité qui rappellent le moyen âge, ont-eu lieu dans la matinée du 13 de ce mois, envers la nommée Himitée, esclave de l'habitation Massy-Massy du Vauclin, par le sieur Jules Dispagne, géreur de ladite habitation ; et afin de vous mettre à même, M. le Gouverneur, de juger de la nature de ces faits, et comment des hommes peuvent exercer de sang-froid de pareilles violences envers leurs semblables, je crois devoir joindre à ma lettre, la copie du procès-verbal rédigé par la gendarmerie du Vauclin,

Déjà le 6 septembre 1843, une nommée Coralie, âgée d'environ 29 ans, esclave du même Jules Dispagne, a été arrêtée à Fort-Royal, ayant des fers aux pieds, de 3 à 4 kilogrammes, et des marques récentes d'un collier au cou; et malgré que cette femme nourrissait un enfant très-chétif, son maître ne lui en a pas moins fait donner à la geôle, un châtiment de 29 coups de fouet. Cette pauvre femme, dont le corps était en sang, s'était, à la suite de cette flagellation, refusée de le suivre, et a opposé à la gendarmerie, qui avait éte requise pour la faire sortir de la prison, la plus vive résistance, en disant qu'elle préférait y mourir avec son enfant, plutôt que de retourner sur l'habitation de son maître (qui m'est signalé comme étant d'une cruauté inouie envers les esclaves) qui la maltraitait, disait-elle, journellement.

Avant le christianisme, on comprend, Monsieur le Gouverneur, que ces indignes traitements aient été possibles; mais aujourd'hui que la croix a été plantée sur le Calvaire, et qu'un Dieu y est mort esclave, tous les hommes religieux et de cœur doivent, ce me semble, considérer ces cruautés comme autant d'infamies; elles finiront, j'ose l'espérer, par déterminer le gouvernement du Roi, à rendre à tous ces malheureux la liberté, qui est aussi nécessaire dans l'intérêt de la religion que de l'humanité.

Je suis avec respect, etc.

Le chef d'escadron, commandant la gendarmerie de la Martinique.

France.

N° 3.

GENDARMERIE DE LA MARTINIQUE.

L'an mil huit cent quarante-cinq et le vingt-huit du mois d'avril, nous, Roy Pierre Joseph, brigadier de gendarmerie, commandant la brigade stationnée au Gros-Morne, et les gendarmes Gousse Antoine et Bernard Charles, certifions que le nommé Jean-Marie, esclave du sieur Férol-Deville-Duvergé, de la commune du Gros-Morne, est venu dans notre caserne, nous porter plainte que son maître l'avait battu à *coups de bâton,* et qu'il lui avait fait donner un châtiment d'environ *cinquante coups de fouet,* par le commandeur de l'habitation.

Nous avons visité l'esclave. Nous lui avons reconnu *plusieurs coups sur la tête où le sang avait coulé,* et il nous disait qu'il ne pouvait pas remuer les bras, des coups qu'il avait reçus. Nous avons vu aussi qu'il avait été châtié à coups de fouet, car il avait les fesses toutes machurées et pleines de sang, dont il ne pouvait pas rester debout ni assis. Nous lui avons demandé quel jour il avait été châtié ; il nous a dit que c'était le vendredi. Nous lui avons dit pourquoi il n'était pas venu de suite nous trouver ; il nous a répondu qu'il ne pouvait marcher ; car son maître, après lui avoir fait donner le châtiment, *lui a mis le pied sur le cou*, et lui a donné des coups sur les reins avec l'autre pied.

Nous avons de tout ce que dessus rédigé le présent procès-verbal pour être remis à qui de droit, dont une copie sera adressée à M. le Chef-d'escadron commandant la gendarmerie de la Martinique.

Fait et clos au Gros-Morne, les jour, mois et an que dessus, et avons signé.

BERNARD. GOUSSE. ROY.

Vu et enregistré au registre de la Lieutenance sous le n° 66.

SCHENCK.

N° 4.

Fort-Royal, le 5 mai 1845.

A MONSIEUR LE PROCUREUR-GÉNÉRAL DU ROI AU FORT-ROYAL.

Monsieur le Procureur-Général,

J'ai l'honneur de vous informer que le 28 avril dernier, le noir Jean-Marie, esclave du sieur Férolle-Deville-Duvergé, habitant de la commune du Gros-Morne, s'est présenté au quartier de la gendarmerie de cette commune, dans un état digne de pitié.

Ce malheureux, qui ne pouvait se tenir ni debout ni assis, a déclaré au brigadier Roy que le vendredi 25 avril, son maître l'avait roué *de coups de bâton*, et lui avait fait administrer par le commandeur plus de *cinquante coups de fouet*; qu'après ce châtiment excessif, il lui avait mis *un pied sur le cou* pour l'empêcher de se relever, et que dans cette position il lui avait donné, avec l'autre pied, de vigoureux coups sur les reins ; enfin, que s'il ne s'était pas présenté plutôt à la gendarmerie, c'est qu'il se trouvait dans l'impossibilité de marcher, par suite de ses nombreuses blessures.

Après cette déclaration, M. le Procureur-Général, l'esclave Jean-Marie a voulu prouver ce qu'il avait avancé ; pour cela faire, il s'est déshabillé et a montré aux gendarmes des fesses morcelées par le fouet, des bras couturés par le bâton, une tête meurtrie en divers endroits, en un mot un corps couvert de taches de sang et de marques de violence.

Je suis avec respect, monsieur le Procureur-Général, votre très-humble, etc.

Le Chef d'escadron,
FRANCE.

N° 5.

GENDARMERIE DE LA MARTINIQUE.

L'an mil huit cent quarante-cinq et le vingt-trois juillet, vers sept heures du soir,

Nous, soussignés, Grandclément, brigadier, et Berthelot, gendarme, tous deux en résidence à Saint-Pierre;

Certifions qu'en vertu d'une ordonnance de M. le juge d'instruction de cet arrondissement et à la requête de M. le procureur du roi près ledit tribunal, portant que le nommé Gustave, esclave du sieur Jaham, demeurant au Champflore, serait conduit à Saint-Pierre, comme témoin dans la procédure suivie contre le sieur Octave de Jaham, son maître.

Nous nous sommes transportés sur ladite habitation, où étant et parlant à madame de Jaham, belle-sœur du sieur Octave de Jaham, nous lui avons notifié ladite ordonnance et lui avons demandé l'esclave Gustave; sur notre demande, elle nous l'a livré, et comme ledit Gustave, étant malade, ne pouvait pas marcher jusqu'à Saint-Pierre, nous lui avons requis un mulet qu'elle nous a procuré de suite, et nous avons conduit ledit Gustave, esclave, à Saint-Pierre, où nous l'avons déposé à la geôle, pour être à la disposition de M. le Juge mandant.

Fait et clos à Saint-Pierre, les jour, mois et an que dessus et avons signé.

BERTHELOT. GRANDCLÉMENT.

Vu et enregistré par le lieutenaut, sous le n° 88.

ISNARD.

D'une ordonnance de M. le Juge d'instruction de l'arrondissement de Saint-Pierre, en date de ce jour, a été extrait ce qui suit :

Vu nos ordonnances en date des 18 et 19 de ce mois ; vu le réquisitoire de M. le procureur du roi, en date d'hier, en ce qui touche la partie de l'audition du témoin Gustave ;

Attendu que l'audition de l'esclave Gustave peut être d'un grand intérêt pour la manifestation de la vérité, et qu'il convient de le faire conduire en ville,

Ordonnons que le nommé Gustave sera conduit à Saint-Pierre; qu'au besoin il y sera transporté.

Pour extrait conforme délivré à M. le procureur du roi, Saint-Pierre, le 21 juillet 1845.

Le commis-greffier, signé : E. DE PERCIN.

Vu le procureur du roi, signé : PUJO.

N° 6.

Dans les premiers jours de Juillet dernier, la nommée Rosette, esclave des sieurs de Jaham frères, habitants propriétaires, commune du Parnasse, près Saint-Pierre, se présentait à M. Hardouin, juge d'instruction, pour porter plainte contre ses maîtres de châtiments excessifs dont elle était journellement l'objet. Le corps de Rosette, ainsi que l'a constaté plus tard le médecin aux rapports, *était sillonné de coups; des plaies profondes attestaient les violences*. Cette femme révéla des faits d'une telle gravité que le magistrat ne dut pas les entendre sans beaucoup de circonspection.

Adressée au procureur du roi, Rosette confirma les déclarations, et le sieur Octave de Jaham fut, le 15 dudit mois, mis en prévention pour excès de châtiments envers cette femme.

L'instruction fut aussitôt commencée. Dans une descente de justice sur l'habitation des frères de Jaham, M. le juge d'instruction, Hardouin, constata que l'habitation des frères Jaham aurait été le théâtre de crimes atroces, incroyables même à notre époque. Ainsi, un jeune esclave nommé Jean-Baptiste, âgé de 13 ans, fils de Rosette, accouplé avec un autre esclave nommé Gustave, par une chaîne qui les enlaçait l'un et l'autre au cou, forcé d'aller ainsi au travail, *chargé de chaînes, privé de nourriture, mourut en juin dernier*, succombant sans aucun doute à ces traitements barbares et inhumains ; des témoins attestaient une mutilation sur cet enfant avec des circonstances affreuses; pour le punir d'un *vol de légumes commis pour assouvir sa faim*, l'un des frères Jaham, après lui avoir *coupé le bout de l'oreille, le lui aurait fait manger!* L'exhumation de son cadavre a eu lieu devant les magistrats instructeurs; on ne sait encore ce qui en est résulté. Lors de sa descente sur les lieux, Gustave, jeune mulâtre de 18 ans, attaché à la même chaîne que Jean-Baptiste, depuis la mort de celui-ci, avait été mis au *cep et à la barre;* il fut trouvé par le juge instructeur dans un petit cabinet humide, fermé, gisant *sans vêtement aucun, le corps couvert de plaies, sur une planche ensanglantée !* Gustave avait l'œil hagard, l'air hébêté, le corps décharné, ressemblant à un véritable spectre, ne pouvant articuler que quelques monosyllabes sans liaison; près de lui un amas de ses excréments. Arraché à ce véritable sépulcre par ordre du juge d'instruction, Gustave fut, par ses soins, déposé à l'hôpital, où, visité par les médecins, ceux-ci déclarèrent sa *guérison impossible;* il vient en effet de succomber à l'horrible état de dépérissement constaté par le juge d'instruction, le 12 du mois de septembre. Ce n'étaient pas les seules victimes de la féroce administration des frères Jaham, appartenant cependant à l'une des premières familles de l'île. Un jeune enfant, *âgé de* 5 *ans*, fils de cette même Rosette, a été porté au juge d'instruction, *le corps couvert de plaies,* ne pouvant se tenir debout, dans un tel état, qu'aussitôt déposé à l'hôpital, le médecin, dans un rapport, *déclare ne pas compter sur sa guérison.* Rosette fut aussi confiée aux sœurs de l'hôpital, où, ainsi qu'elle déclarait en avoir la crainte, *elle vient d'avorter d'un enfant mort, par suite des coups qu'elle a reçus* de ses maîtres. Il ne faudra rien moins que de telles horreurs, pour qu'on puisse ajouter foi à certains supplices infligés à ces malheureux esclaves. Gustave et Jean-Baptiste accouplés, *leurs maîtres leur auraient fait manger des excréments* de chien, de cochon et de Madame. Ce serait devant la dame de Jaham qu'on leur aurait fait manger de ses propres excréments, ainsi qu'au jeune Vincent !

L'instruction dirigée par M. Hardouin, qui a déjà donné tant de gages d'indépendance et de courage, apprendra si tous ces faits sont vrais.

On attend avec impatience les débats oraux, où apparaîtront, dit-on, avec Rosette, celle de ces victimes du despotisme des maîtres que la mort n'a pas atteinte, tous les instruments de supplices, chaînes, colliers de fer, carcan, etc.

Nota. Un scandale plus grand que ces crimes, c'est que les prévenus sont acquittés.

Que dire de tant d'horreurs ! On se rappelle qu'un peintre de l'antiquité, renonçant à exprimer la douleur d'Agamemnon..... le représenta voilé ! ! !

Faisons de même !

N° 7.

Saint-Pierre, le 24 juillet 1845.

A MONSIEUR FRANCE, CHEF D'ESCADRON COMMANDANT LA GENDARMERIE DE LA MARTINIQUE.

Mon Commandant,

J'ai l'honneur de vous adresser un procès-verbal de conduite du nommé Gustave, esclave du sieur Jaham, propriétaire au Champflore, banlieue de Saint-Pierre, en vertu d'une ordonnance de M. le juge d'instruction de l'arrondissement ; cet esclave doit être interrogé et visité par le médecin aux rapports, sur le châtiment excessif qui lui a été administré par ordre de son maître. La gendarmerie a été obligée de requérir un mulet pour pouvoir le descendre à Saint-Pierre, vu que cet esclave ne peut marcher et va être conduit à l'hôpital du lieu.

Je suis avec respect, mon commandant, votre très-humble, etc.

Le Lieutenant de gendarmerie,

ISNARD.

Nota. Comment l'esclave peut-il être témoin, lorsqu'il risquerait tant à être partie contre son maître ? (Voy. Lettres du Directeur de l'intérieur, 17 février).

N° 8.

Fort-Royal, le 31 janvier 1844.

A MONSIEUR LE CHEF D'ESCADRON, AU FORT-ROYAL.

Mon Commandant,

J'ai l'honneur de vous rendre compte que, le 26 de ce mois, j'ai envoyé le gendarme Cavel, du Fort-Royal, avec le maréchal-des-logis Rougé du Lamentin, sur l'habitation la Champigny, gérée par M. le vicomte de Turpin, pour y prêter main-forte à MM. les procureur du roi, juge d'instruction et chirurgien aux rapports, dans la visite du nègre Daniel de cette habitation, qui avait été surpris la veille sur l'habitation d'Alessot, dite le Château-Lézard, où il avait reçu plusieurs coups de rigoise et un châtiment *marqué par une vingtaine* de coups de fouet ; on avait supposé que huit ou dix jours suffiraient pour la guérison de l'esclave Daniel qui, à la vérité, était couvert de sang, mais dont les blessures paraissaient peu dangereuses.

M. le procureur du roi s'étant assuré par lui-même des faits, je ne crus pas devoir en rendre compte à l'autorité supérieure, le 26 de ce mois ; mais aujourd'hui, il paraît que la vérité s'est dévoilée et que toutes les circonstances de cette affaire sont beaucoup plus graves : M. Vivier, gérant de l'habitation d'Alessot aurait, suivant la déposition des témoins, surpris le nègre Daniel en guet-à-pens, lui aurait asséné trois coups d'anspect sur la tête, et il en serait résulté, d'après les nouveaux avis donnés par M. le vicomte de Turpin, la crainte que le sujet ne fût atteint d'une fièvre cérébrale.

On m'assure que M. Vivier a été destitué de sa gestion par M. Jolimon de Marolles, administrateur de l'habitation d'Alessot, et du reste, la preuve de la prévention de culpabilité qui pèse sur lui, c'est qu'il a été écroué hier à la maison d'arrêt du Fort-Royal, en vertu d'un mandat de dépôt.

Je suis avec respect, mon commandant, votre très-humble, etc.

Le Lieutenant de gendarmerie,

DE COLNET.

N° 9.

Robert, habitation Bord-de-mer, le 13 mai 1844.

Mon Commandant,

J'ai l'honneur de vous rendre compte qu'en vertu de vos ordres, en date du 11 de ce mois, n° 1096, je me suis transporté au Robert, sur l'habitation Bord-de-Mer, appartenant à Madame veuve de Belle-Isle, et gérée par M. Georges Despointes, à l'effet de constater par procès-verbal un assassinat qui aurait été commis par le géreur sur la personne de l'esclave Séverin. On a su que ce géreur a porté plusieurs coups d'un gros bâton sur la tête de l'esclave Séverin, ce qui a occasionné la mort.

Voici le résultat de mes investigations, sur le dire du prévenu :

« Le 24 mars dernier, a dit M. Despointes, l'habitation du Bord-de-Mer faisait du sucre; le moulin marchait et le nègre Séverin était employé aux fourneaux, lorsque, à cinq heures du soir, l'économe, qui avait alors la surveillance de la sucrerie, s'aperçut que Séverin ne travaillait pas, *il me porta plainte contre lui, et je fis donner vingt-cinq coups de fouet* à ce nègre qui, vers les six heures, partit marron.

« Quinze jours après, Séverin rentra volontairement; il était malade, je le fis entrer à l'hôpital, je le fis soigner, et le lendemain, 9 avril, il était mort.

« Etonné de cela et désirant en connaître la cause, j'envoyai chercher M. le docteur Lestrade, mon voisin, et je le priai de faire l'autopsie du cadavre [1]; ce monsieur se mit à l'ouvrage, et, après l'opération, il me déclara que Séverin était mort d'une gastrite, mais qu'il m'engageait, dans l'intérêt de la salubrité publique, à le faire enterrer immédiatement, attendu qu'il était déjà en pleine putréfaction; j'écrivis donc aussitôt à M. le maire de la commune, pour lui en demander l'autorisation; il me l'accorda et je fis enterrer mon nègre sans autre forme de procès. »

Hier 12, M. le juge d'instruction de l'arrondissement de Saint-Pierre, a interrogé M. Georges Despointes, la nommée Marguerite, concubine de Séverin, et le nègre Alga; il est résulté de ces dépositions qu'un mandat de dépôt a été décerné contre M. Despointes.

Aujourd'hui, messieurs les chirurgiens aux rapports, Reynier et Faseuil, ont exhumé le cadavre de Séverin qui, à vrai dire, ne représentait plus qu'un amas d'os, couvert de quelques lambeaux de chair.

Demain 14, M. le juge d'instruction continuera à interroger l'atelier.

[1] Voilà les hommes de l'art plus *compétents* que la justice... Voy. Lettre de M. Selles à M. France dans l'affaire Gayot...

Je suis avec respect, mon commandant, votre très-humble, etc.

Le Maréchal-des-logis,
H. Commin.

N° 10.

Robert, le 14 mai 1844.

Mon Commandant,

J'ai l'honneur de vous adresser le procès-verbal qui constate mon transport sur l'habitation Bord-de-Mer, appartenant à madame veuve de Belle-Isle, et gérée par M. Georges Despointes.

Conformément à vos ordres en date du 11, j'ai infligé huit jours de consigne au brigadier Roy, pour ne pas avoir rendu compte de l'assassinat commis sur l'habitation Bord-de-Mer; ce brigadier m'a juré qu'il ignorait entièrement ce fait, et que jamais il n'en avait entendu parler.

Le géreur et l'économe de cette propriété déclarent que Séverin est parti marron après le châtiment reçu; plusieurs nègres soutiennent le contraire; les médecins disent qu'il a pu mourir de la dyssenterie, plusieurs nègres assurent qu'il a été assommé à coups de bâton; il n'en est pas moins vrai, mon Commandant, que M. le juge d'instruction a jugé convenable de décerner mandat de dépôt contre M. Despointes, et demain, sans faute, ce géreur sera dirigé sur la prison de Saint-Pierre.

Je suis avec respect, mon Commandant, votre très-humble, etc.,

Le Maréchal-des-logis,
H. Commin.

Nota. Mais les Assises de Saint-Pierre, composées des amis du prévenu, ont jugé convenable, de l'acquitter et de donner ainsi une prime d'encouragement... pour recommencer....

O lois inutiles... entre les mains de tels hommes!

N° 11.

Saint-Pierre, le 24 mai 1844.

A M. NICOLAS, MARÉCHAL-DES-LOGIS DE GENDARMERIE AU FORT-ROYAL.

Mon cher camarade,

Je m'empresse de répondre à votre lettre du 23 courant, concernant le sieur Georges Despointes, du Robert, inculpé du crime d'assassinat.

Je vous dirai, mon cher camarade, que le sieur Georges Despointes est à l'hôpital depuis le 20 du courant; c'est moi qui fus chargé de l'extraire de la maison d'arrêt, où il était détenu, à l'hôpital, en vertu d'un réquisitoire de M. le procureur du roi

ROCHER.

Nota. Un mandat d'amener a été décerné contre le sieur Georges Despointes par M. Hardouin, juge d'instruction, magistrat intègre; ce géreur était à peine écroué à la maison d'arrêt de Saint-Pierre, que ses partisans ont sollicité de M. le procureur-général qu'il fût transféré à l'hôpital, et des médecins assez complaisants ont attesté que le mauvais état de sa santé exigeait cette mesure.

Le sieur Georges Despointes a été acquitté par les assises de Saint-Pierre, comme cela arrive ordinairement.

Note des événements survenus à la Martinique, depuisle 23 juin jusqu'au premier janvier 1845.

N° 12.

Le 23 juin, le nègre Eustache, esclave du sieur Nau, habitant au Saint-Esprit, s'est étranglé sur l'habitation de son maître, à la suite de mauvais traitements.

N° 13.

Le cadavre d'un nègre nommé Pascal, esclave d'une habitation située à la rivière Pilate, appartenant aux héritiers de Lescoute, a été trouvé étendu à terre à un quart d'heure environ des bâtiments. La gendarmerie de la rivière Pilate s'est rendue sur les lieux, et n'a remarqué ancune trace de violence.

N° 14.

Fort-Royal, le 24 octobre 1844.

Mon Commandant,

J'ai l'honneur de vous rendre compte que le nommé Jean-Baptiste, esclave du sieur Sainte-Rose Sapho, domicilié au Trou-au-chat, *est mort presque subitement*, le 20 de ce mois.

Le 19, vers les huit heures du soir, Jean-Baptiste était

sur l'habitation du sieur Jules Lafaye, où il avait des accointances avec une négresse nommée Laurence, et il s'y disputait avec elle, lorsque survint le sieur Lafaye qui, *suivant son dire,* lui donna *quelques coups de rigoise et le chassa.*

Le lendemain, *cet esclave mourut ;* son maître justement alarmé d'une mort aussi prompte, aussi inattendue, écrivit aussitôt à la gendarmerie du Saint-Esprit de se transporter chez lui avec un médecin, pour constater la mort d'un de ses nègres, parce que, disait-il, il désirait en connaître les causes, et savoir si elle n'aurait peut-être point été occasionnée par le châtiment qui lui avait été infligé la veille, sur l'habitation Lafaye.

Immédiatement, la gendarmerie et M. le médecin Vernet se rendirent sur les lieux ; l'autopsie fut faite, et M. Vernet, après avoir reconnu et fait remarquer aux gendarmes les traces de deux ou trois coups de rigoise sur le dos, déclara que Jean-Baptiste avait succombé à une gastro-entérite chronique avec hydropisie.

Ci-inclus le procès-verbal dressé par la brigade.

Je suis avec un profond respect, mon Commandant, votre très-humble, etc.,

Le Maréchal-des-logis,
H. Commin.

Note du chef d'escadron France. — J'ai remarqué, depuis mon séjour à la colonie, que la plupart des nègres qui ont été trouvés morts *à la suite de châtiments excessifs*, ont été presque toujours reconnus par les médecins comme ayant succombé à une gastro-entérite chronique ou à une hydropisie.

N° 15.

Le 4 septembre, la gendarmerie de la Trinité rend compte par son rapport, qu'un vieux nègre nommé Armand, gardien de bœufs sur l'habitation Duvallon, au Marigot, est mort par suite de châtiments excessifs.

Le rapport dit ce qui suit :

« Les bœufs confiés à la garde de ce vieux nègre étaient attachés dans une ravine, lorsque, je ne sais par quelle circonstance, un de ces animaux tomba dans un trou ; aussitôt, l'économe, le sieur Louis Garnier arriva et roua de coups de bâton et de coups de fouet le malheureux vieillard qui, à moitié mort, fut porté à l'hôpital où il succomba.

N° 16.

GENDARMERIE DE LA MARTINIQUE.

L'an mil huit cent quarante-cinq et le vingt-six juin, nous Commin (Hubert), maréchal-des-logis de gendarmerie, commandant par interim la lieutenance du Fort-Royal, agissant en notre qualité d'officier de police auxiliaire de M. le procureur du roi ;

Vu les articles 9 et 48 du Code d'instruction criminelle ;

Vu la délégation à nous adressée ce jour, par M. le juge d'instruction de l'arrondissement du Fort-Royal, à l'effet de nous transporter dans le domicile du sieur Sansé, habitant des hauteurs du Lamentin, pour nous faire remettre la rigoise qui a servi à infliger un châtiment excessif à une de ses esclaves nommée Lucina, âgée d'environ neuf ans ;

Nous sommes rendu aujourd'hui, vers midi, assisté du gendarme de Trogoff, au domicile du susdit Sansé, où étant et parlant à sa personne, lui avons posé les questions suivantes :

D. Quels sont vos nom, prénoms, âge, profession, lieu de naissance et domicile ?

R. Sansé (Jean-Hubert), âgé de soixante ans, habitant, né au Fort-Royal, domicilié au Lamentin.

D. Nous sommes chargés, par M. le juge d'instruction, de vous réclamer la rigoise qui a servi à infliger un châtiment à une de vos petites négresses, nommée Lucina ; voulez-vous nous la remettre?

R. Oui, Monsieur, je vais la chercher. En effet, il s'est levé aussitôt, et est allé décrocher à un des poteaux de la salle, un nerf de bœuf qu'il nous a donné, en disant : « Voilà, Monsieur, ce que vous demandez. »

Alors, nous avons examiné avec soin la rigoise qui nous était présentée, et nous avons remarqué qu'elle était presque neuve, qu'elle avait environ un mètre de long, que quelques légères teintes de sang paraissaient çà et là, et que la partie inférieure avait été lavée.

En conséquence, notre mission étant terminée, nous avons saisi la susdite rigoise pour être déposée au greffe, comme pièce de conviction, et nous avons clos le procès-verbal.

Fait sur l'habitation du sieur Sansé, hauteurs du Lamentin, les jour, mois et an que d'autre part et avons signé.

Sansé, De Trogoff,

Pour copie conforme,

H. Commin.

Nota. Que voulez-vous ? on peut tuer avec une rigoise et un fouet : mais la loi le permet. M. le directeur, par sa lettre du 17 avril, dit que le maître est seul juge des châtiments pour faits de discipline... Donc il faut aller à la cause... et supprimer la loi qui absout une telle prévention.

N° 17.

Sain Pierre, le 5 octobre 1844.

A MONSIEUR FRANCE, CHEF D'ESCADRON, COMMANDANT LA GENDARMERIE DE LA MARTINIQUE.

Mon Commandant,

J'ai l'honneur de vous rendre compte, que par son rapport, en date du 4 courant, le commandant de la brigade du Carbet m'informe, que le nommé Charlery, esclave du sieur Zamitout, demeurant au Carbet, est venu lui déclarer que sa mère nommée Andrinette, esclave du sieur Rosemond, marchand et maître seineur, demeurant à la Grande-Anse, même commune, était morte par suite des coups qu'elle avait reçus, la veille, de son maître, et que ce dernier l'ayant fait appeler le matin par son esclave Edmond, on l'a trouvée morte dans sa chambre. Il est même à présumer *qu'elle serait morte sous les coups,* attendu que lorsqu'on l'a détachée du poteau après lequel on l'avait mise, pour ne pas faire de résistance au châtiment qui lui était administré, elle s'est trouvée faible ; l'esclave Edmond l'aurait prise et jetée dans une chambre, dont il a fermé la porte à clé, sans lui porter le moindre secours.

Requis par M. le procureur du roi, à l'effet de me transporter sur les lieux, accompagné du médecin aux rapports, pour visiter et informer sur les causes de la mort de la nommée Andrinette, étant arrivés à la Grande-Anse, du Carbet, le cadavre de la nommée Andrinette était déposé dans une chambre, enveloppé d'un linceul, et le sieur Rosemond présent. M. Fazeuil, médecin aux rapports, ayant examiné le cadavre, y a trouvé plusieurs traces, tant sur les cuisses que sur les bras, du châtiment infligé la veille, *mais il existait sur le ventre, près du nombril, trois fortes contusions* provenant, soit de bâton, ou de coups de pieds. Le sieur Rosemond a déclaré que l'esclave Andrinette, après le châtiment qu'il lui avait administré avec une verge de tamarin, s'était jetée et roulée à terre, et était tombée sur le seuil de la porte de sa chambre qui est en pierre, et que c'était là où elle s'était blessée.

M. le docteur Fazeuil, supposant le cas très-grave, et jugeant l'autopsie nécessaire pour s'assurer du genre de mort, soit des coups reçus, soit d'une autre cause, a réclamé de M. le procureur du roi l'assistance de deux docteurs en médecine, pour lui être adjoints dans cette opération.

MM. les procureur du roi et juge d'instruction, se rendant au Carbet pour y informer de cette affaire qui est extrêmement grave, j'ai donné ordre au commandant de cette brigade de surveiller toute la nuit la maison où est déposé le cadavre, ainsi que celle du sieur Rosemond, jusqu'à la descente de la justice.

J'aurai l'honneur de vous informer des résultats de cette descente de justice.

Je suis avec respect, mon Commandant, etc.,

Le Lieutenant de gendarmerie,

ISNARD.

N° 18.

Dans la journée du 7 septembre 1844, le nommé Jean, esclave, appartenant au sieur Capoul, habitant de la commune du Saint-Esprit, s'est présenté devant M. le procureur général, pour se plaindre d'un châtiment excessif dont il avait été l'objet de la part de son maître. Ce malheureux qui avait les fesses déchirées de coups de fouet, a été déposé à la geôle de Fort-Royal et remis à son maître.

N° 19.

Le 8 septembre, vers les huit heures du soir, le nommé Pépel, esclave à M. de Percin, maire de la commune de Case-Pilote, s'est présenté à la geôle, ayant au cou un collier en fer à quatre branches, pour s'y constituer prisonnier, en disant qu'il ne voulait plus servir son maître, attendu qu'il était chaque jour maltraité inhumainement.

N° 20.

Trinité, 4 septembre 1844.

Mon Commandant,

J'ai l'honneur de vous rendre compte qu'un vieux nègre nommé Armand, gardien de bœufs sur l'habitation Duvallon au Marigot, est mort, il y a quatre ou cinq jours, par suite de châtiments excessifs.

Voici comment

Les bœufs confiés à la garde de ce vieux nègre étaient attachés dans une ravine, lorsque, je ne sais par quelle circonstance, un de ces animaux tomba dans un trou ; aussitôt l'économe (sieur Louis Garnier), arriva *et roua de coups de bâton et de coups de fouet le malheureux vieillard* qui, à moitié mort, fut porté à l'hôpital où il resta trois semaines environ, et où enfin *il succomba il y a quatre ou cinq jours.*

Pour prouver ce que j'ai l'honneur d'avancer, je dirai que le sieur Duvallon, dès le lendemain de cette scène, chassa le sieur Louis Garnier, et lui retint (dit-on) ses appointements pour payer le vieux nègre, s'il venait à mourir.

J'écris au brigadier Bedout de me faire connaître de plus amples renseignements ; mais en attendant, la justice pourra, en toute sûreté, interroger le sieur Dussault, commis à la police au Marigot et le nommé Alexandre, esclave cabrouettier de l'habitation Duvallon.

J'ai l'honneur d'être avec un profond respect, mon Commandant, etc.,

Le Maréchal-des-logis,
H. COMMIN.

N° 21.

Saint-Pierre, le 7 janvier.

A MONSIEUR FRANCE, CHEF D'ESCADRON, COMMANDANT LA GENDARMERIE A LA MARTINIQUE.

Mon commandant,

J'ai l'honneur de vous rendre compte qu'aujourd'hui à midi a eu lieu, sur la place publique de Saint-Pierre, l'exécution de vingt-neuf coups de fouet infligés aux esclaves, savoir :

1° Oscar ; 2° Évariste ; 3° Élie dit Nègre ; 4° Montlouis, esclave de M. de Gourselar ; 5° Montlouis, esclave du sieur Dumont.

Le tout en vertu d'arrêts rendus par la Cour d'assises de Saint-Pierre, dans sa dernière session.

Je suis avec respect, mon Commandant, etc.

Le Lieutenant degendarmerie ,

ISNARD.

N° 22.

Rivière-Salée, le 19 août 1845.

A MONSIEUR COMMIN, MARÉCHAL-DES-LOGIS COMMANDANT LA LIEUTENANCE DE FORT-ROYAL.

Mon Maréchal-des-logis ,

J'ai l'honneur de vous donner connaissance qu'hier matin, M. le maire m'envoya un réquisitoire pour me rendre avec la brigade, chez M. Félix Deslandes, pour une administrale qu'il allait faire donner à quelques nègres en face de l'atelier.

Voici le motif :

Vendredi, jour de l'Assomption, M. Félix Deslandes, fit appeler le commandeur, lui dit : Tu vas passer dans les cases, leur dire que j'ai besoin de leur samedi, attendu que j'ai de la morue en fumier au milieu d'un trou de cave, qu'elle pourrait se perdre ; que je leur rendrai leur samedi, n'importe quel jour de la semaine. Le commandeur se rendit dans les cases à nègres et donna les ordres que son maître lui avait donnés. Aussitôt, trois ou quatre nègres sortirent de leurs cases, et dirent aux autres que les premiers qui se trouveraient au jardin auraient affaire à eux; qu'ils avaient permis d'aller travailler chez M. Lapalun, qu'il fallait y aller. Le lendemain samedi, le commandeur fit corner; il ne se trouva au jardin que les vieillards; donc M. Deslandes fut obligé de les renvoyer, et n'en rendit compte que le lendemain, dimanche, à M. le maire

Les nègres qui ont été battus étaient au nombre de sept seulement. Des instigateurs, deux ont reçu vingt-cinq coups, un dix-neuf, deux quinze, et les deux autres dix seulement, parce qu'ils étaient moins fautifs que les autres; c'est tout ce qu'il y a eu.

J'ai l'honneur d'être avec respect, mon Maréchal-des-logis, etc.

Le Brigadier,
BEDOUT.

Nota. Pour une administrale qu'il allait faire donner... quel langage! mais aussi quelle chose! Comment désigner convenablement le supplice du quatre-piquets?

Cette affaire est complexe.

Non-seulement il y a injustice à changer le jour qui appartient au nègre pour travailler à son champ, profiter du temps favorable pour planter ou récolter.

Mais c'était pour empêcher les nègres d'aller travailler pour un homme libre, qui veut que le travail libre soit salarié, M. Lapalun. — (Voy. les détails dans la *Réforme*, février 1846, par M. V. Schœlcher.)

DEUXIÈME SÉRIE.

N° 23.

Fort-Royal, le 16 novembre 1843.

A MONSIEUR LE COMMANDANT DE LA GENDARMERIE DE FORT-ROYAL.

Monsieur le Commandant,

Le noir Saint-Ile, appartenant à M. Bruneau, géreur de l'habitation Marly au Lamentin, a formé auprès de M. le procureur du roi une plainte contre son maître, pour un châtiment excessif que celui-ci lui aurait fait infliger.

Cette plainte a été examinée par M. le procureur du roi, qui a reconnu qu'elle n'était pas fondée. Ce magistrat a, par suite, remis à la disposition de son maître le noir Saint-Ile, qui est, en ce moment, en dépôt à la geôle du Fort-Royal.

M. Bruneau vient de s'adresser à l'administration pour obtenir que ce noir soit reconduit sur son habitation, et que la gendarmerie assiste au châtiment *qui lui sera infligé en présence de l'atelier*.

Dans l'intérêt de la discipline des ateliers, cette demande a dû être accueillie.

J'ai l'honneur de vous inviter, en conséquence, Monsieur le Commandant, à vouloir bien donner les ordres nécessaires.

Agréez, Monsieur le Commandant, etc.

Le Directeur de l'intérieur,

F. FRÉMY.

Note du chef d'escadron. C'est M. Mercier, juge royal, magistrat créole, remplissant alors les fonctions de procureur du roi, qui a reconnu que la plainte formée par l'esclave Saint-Ile n'était pas fondée ; ce même magistrat a dit aussi aux gendarmes qui l'accompagnaient, le 30 août 1844, sur l'habitation du sieur Ernest Déprés, où des actes de barbarie avaient eu lieu envers l'esclave Adélaïde, et envers un nègre qui a succombé, que c'était une affaire de rien, qu'ils pouvaient se retirer ; de sorte que la gendarmerie n'a pu mettre à exécution le mandat d'amener qui avait été décerné contre cet oppresseur, ainsi qu'il en a été rendu compte à M. le maréchal ministre de la guerre, le 31 août dernier.

Quel monstrueux abus du pouvoir! Et l'intérêt de la justice, qui veut que le maître ne soit pas juge et partie! et la loi, qui permet au nègre de se plaindre, qui est un piége pour l'esclave, une nouvelle cause de sévices! Et l'autorité est confiée à de pareils séides!

Fort-Royal, le 10 mai 1845.

Le Chef d'escadron,
FRANCE.

N° 24.

Fort-Royal, le 12 février 1845.

A MONSIEUR LE COMMANDANT DE LA GENDARMERIE, AU FORT-ROYAL.

Monsieur le Commandant,

Le nommé Virgile, esclave de l'habitation Marly, du Lamentin, appartenant à M. le baron de L'Horme, a refusé hier d'exécuter les ordres du géreur, à l'occasion d'un fait de discipline.

Cet esclave a été conduit au Fort-Royal, et déposé à la prison centrale.

Conformément aux ordres de M. le gouverneur, j'ai l'honneur de vous inviter à le faire reconduire sur l'habitation Marly, où il recevra, en présence de la gendarmerie et l'atelier réuni, le châtiment *disciplinaire réclamé par le maître.*

Agréez, Monsieur le Commandant, etc.

Le Directeur de l'intérieur,

F. Frémy.

Nota. Ce fait de discipline est tout simplement le refus de servir de bourreau... contre ses parents.... Quel abus du mot de commandeur!

Quoi! le gouverneur aussi, qui empiète sur les fonctions judiciaires..... pour commander l'injustice la plus révoltante! Il faut des hommes exceptionnels dans les colonies!

N° 25.

Fort-Royal, le 17 février 1845.

A MONSIEUR LE COMMANDANT DE LA GENDARMERIE, AU FORT-ROYAL.

Monsieur le Commandant,

J'ai l'honneur de vous accuser réception de votre lettre du 14 de ce mois, n° 76, à laquelle il ne m'a pas été possible de répondre plus tôt.

Sur le dire de l'esclave Saint-Ile ou d'autres noirs de l'habitation Marly, et sans avoir entendu le géreur ou le maître, à l'occasion d'un fait de discipline dont celui-ci était seul juge, vous donnez tort au maître, et vous admettez *que c'était par inexpérience et non par mauvais vouloir* que Virgile n'a pas rempli les fonctions de commandeur, dont il avait été momentanément chargé ; par suite, vous blâmez indirectement, comme prématurée, la mesure prise par M. le gouverneur, qui consistait à faire assister la gendarmerie au châtiment que le maître avait jugé nécessaire dans l'intérêt de la discipline, et qu'il était d'ailleurs en droit d'ordonner.

Il suivrait de là, Monsieur le Commandant, qu'il suffirait aux esclaves des habitations de refuser d'être commandeurs, ou aux commandeurs d'alléguer leur inhabilité à en faire l'office, lorsqu'ils auraient été désignés par les maîtres (qui connaissent bien, sans doute, ceux qu'ils choisissent), pour paralyser les moyens de discipline que les maîtres tiennent de la loi. Pour peu qu'une semblable doctrine fût autorisée, le désordre ne tarderait pas à être général dans la colonie.

M. le gouverneur a jugé, d'après les faits qui se sont passés sur l'habitation Marly, que l'instruction qui se poursuit en ce moment avait été mal comprise par l'atelier, et qu'il importait que les ateliers, en général, fussent bien convaincus que si l'autorité veille à l'exécution des règlements *qui protégent les esclaves*, elle veille aussi à l'exécution de ceux qui leur imposent des obligations envers les maîtres.

Quant aux faits en eux-mêmes, la présomption naturelle devait être *que M. le gouverneur les avait appréciés avant de prescrire une mesure*, et je ne pense pas, dès lors, qu'il pût appartenir à aucun fonctionnaire de procéder à un nouvel examen, sans en avoir reçu mission, et de blâmer cette mesure d'une manière plus ou moins directe.

Agréez, Monsieur le Commandant, etc.,

Le Directeur de l'intérieur,

F. Frémy.

Nota. Que deviennent les *lois?* le *maître est seul juge!* Ajoutez le gouverneur et le directeur, pourtant! Il n'y a que la *justice* qui ne doive pas être entendue...

Cette lettre pourrait remplacer le livre de Machiavel s'il venait à se perdre. C'est l'abrégé du code de la tyrannie. Quelle pitié de voir de hauts fonctionnaires travestis en Croquemitaines!

N° 26.

Fort-Royal, le 12 février 1845.

A MONSIEUR FRANCE, CHEF D'ESCADRON COMMANDANT LA GENDARMERIE DE LA MARTINIQUE.

Mon Commandant,

J'ai l'honneur de vous rendre compte que le nommé Virgile, maçon de son état, esclave de l'habitation Marly, gérée par le sieur Bruneau, appartenant au sieur baron de L'Horme, et située au Lamentin, a été envoyé à la prison centrale du Fort-Royal, à la disposition de M. le procureur du roi, *parce qu'il ne sait pas fouetter ses camarades.*

Ces jours derniers, l'économe lui donna l'ordre de *fouetter deux ou trois esclaves qui se trouvaient en défaut;* il prit le fouet, fit tout ce qu'il put pour contenter son chef; mais il paraît qu'il réussit fort mal.

Compte fut rendu par l'économe au géreur, qui, alors, prit l'initiative, et lui dit ; « Mon garçon, tu ne sais pas « battre, nous allons voir cela. » En effet, un autre nègre qui devait être fouetté, se présenta, et le géreur intima l'ordre à Virgile de le tailler (expression technique) ; il obéit, mais il s'en acquitta aussi mal qu'auparavant.

Aussitôt il fut empoigné, mis au cachot, et envoyé au Fort-Royal.

Je suis avec un profond respect, mon Commandant, etc.

Le Maréchal-des-logis,
H. COMMIN.

Nota. Voyez la jurisprudence du directeur de l'intérieur, lettre du 27 février. Le maître peut choisir qui il veut pour exercer momentanément les fonctions de commandeur (lisez bourreau). Voyez les notes à cette lettre.

N° 27.

Saint-Pierre, le 2 avril.

Mon Commandant,

J'ai l'honneur de vous rendre compte qu'aujourd'hui, à midi, a eu lieu, sur la place publique de Saint-Pierre, une exécution en vertu des condamnations prononcées par la Cour d'assises dans sa dernière session ; savoir :

1° Laurette, de condition libre (une heure d'exposition) ;

2° Anatole, esclave du sieur Pierre (vingt-neuf coups de fouet).

Et être ainsi réintégrés en la maison d'arrêt de Saint-

Pierre, et l'exécuteur des hautes œuvres transféré en la maison d'arrêt du Fort-Royal.

Je suis avec respect, mon Commandant, etc.

Le Lieutenant de gendarmerie,

ISNARD.

Nota. C'est parce que l'exécuteur est forcé d'exercer ces terribles fonctions, qu'il a été transféré avec les prisonniers, étant lui-même esclave de chaîne. Ceci peut servir d'explication à la résistance du nègre Virgile, de l'habitation Marly, qui s'est excusé de ne pas savoir le métier de bourreau.

N° 27.

Fort-Royal, le 20 août 1845.

A MONSIEUR LE COMMANDANT DE LA GENDARMERIE, AU FORT-ROYAL.

Monsieur le Commandant,

J'ai l'honneur de vous transmettre ci-joint une réqui sition ayant pour objet de faire reconduire sur l'habitation Kirwanne, située dans les hauteurs du Fort-Royal, cinq noirs arrêtés par les chasseurs de la Martinique, et en état de marronnage depuis environ trois semaines.

Le propriétaire désire que, *pour l'exemple et le maintien du bon ordre*, un châtiment soit infligé aux cinq noirs. Je vous prie, en conséquence, de prescrire au sous-officier qui dirigera l'escorte, de faire réunir l'atelier, et de faire administrer aux délinquants la punition *autorisée par la loi.*

Agréez, Monsieur le Commandant, etc.

Le Commissaire de la marine, directeur
de l'intérieur, provisoire,
C. GLATIGNY.

Nota. Quel déplorable remède! quel singulier moyen de les retenir dans l'ordre! C'est tout dire; en d'autres termes, c'est le supplice des quatre-piquets avec ses circonstances atroces!

N° 29.

Fort-Royal, le 3 mars 1844.

A MONSIEUR LE COMMANDANT DE LA GENDARMERIE.

Monsieur le Commandant,

J'ai l'honneur de vous informer, après m'être concerté avec M. le procureur-général sur la suite à donner à la plainte portée contre l'esclave Simon Valentin, de l'habitation Saint-Jacques, pour les coups qu'il a portés au commandeur Casimir, qu'il a été reconnu qu'il y avait lieu à faire usage des peines disciplinaires à l'égard de l'esclave Simon.

Il recevra, en conséquence, un châtiment en présence de l'atelier, et il devra être conduit par la gendarmerie au Fort-Royal, pour y être détenu disciplinairement pendant trois mois.

J'écris à M. le maire de Sainte-Marie et au géreur de l'habitation, en ce sens.

Je viens vous prier de vouloir bien donner des ordres pour que, dans l'intérêt de la discipline de l'atelier, la gendarmerie se transporte sur l'habitation lors du châtiment qu'y recevra le noir Simon.

Veuillez agréer, Monsieur le Commandant, etc.

Le Directeur de l'intérieur,
F. FRÉMY.

Nota. On voit, par les lettres du directeur, qu'il dépasse ses attributions... qu'il agit souvent comme substitut du procureur-général d'une cour prévôtale!

N° 30.

Nota. La gendarmerie de la Trinité a constaté, par son rapport du 3 mars, que le 29 février, vers sept heures et demie du soir, l'esclave Simon Valentin, de l'habitation domaniale de Saint-Jacques, était employé au fourneau de la sucrerie, qui marchait; que le commandeur Casimir s'étant aperçu que le feu n'était pas assez ardent, lui donna quatre ou cinq coups de fouet.

Le lendemain, Simon Valentin arriva au travail un instant après les autres; le géreur lui fit donner un quatre-piquets. Le nègre Simon, trouvant quelque disproportion entre son crime et la peine qu'on voulait lui infliger, opposa quelque résistance, et atteignit, en se débattant, le commandeur avec sa houe, dont il n'avait pas voulu se laisser désarmer.

Là-dessus, un rapport à M. le directeur de l'intérieur et au procureur-général, une réquisition tendant à faire arrêter ce nègre récalcitrant; et ces messieurs, dans leur haute sagesse, décident de le faire amener au Fort-Royal, mais de lui faire subir auparavant le supplice du quatre-piquets en présence de tout l'atelier et de la gendarmerie, et qu'après avoir subi cette peine, il sera détenu à la geôle pendant trois mois.

Voilà pour apprendre aux esclaves qu'ils doivent toujours se laisser fouetter sans la moindre résistance.

N° 31.

Anses-Mathurin, le 18 octobre 1844.

A MONSIEUR LE CHEF D'ESCADRON DE GENDARMERIE.

Monsieur le Chef d'escadron,

J'ai l'honneur de vous donner connaissance que le 23 du mois de juin dernier, un maltraitement a eu lieu envers une négresse, sur l'habitation Potrie, par M. Léonard, géreur de cette habitation ; cette négresse appartient à M. Edouard Mérius, de la commune de Sainte-Luce.

Il était huit heures du soir, au moment où je faisais ma tournée. M. Léonard vint requérir le chasseur Boisseuille pour arrêter une négresse ; on lui avait promis deux doublons ; on l'amena, je la fis mettre au magasin, après avoir été bien amarrée, toujours accompagné de M. Léonard. Je lui dis : Elle est bien en sûreté, j'en réponds. Il me répondit que c'était une femme très-forte, qu'il voulait l'arranger d'une autre manière ; alors il prit le bout de la corde, et il la passa à un chevron du magasin, en me disant de l'empoigner et de hausser ; mais je lui répondis que j'étais chasseur des montagnes, *mais non bourreau*. Alors il me dit : Vous m'insultez ; vous avez l'air de me prendre pour ce dernier, en me disant foutez-moi le camp d'ici, vous mettez plutôt le désordre que l'ordre. Je lui répondis que je ne partirais point avant que de voir ce qu'il voulait faire. Il finit donc par la placer contre un poteau et de tirer dessus *la corde qui tenait aux coudes et aux mains* de la négresse, qui était attachée derrière le dos, au point qu'il n'y avait *que le bout des pieds qui touchait à terre*. Il finit par fermer la porte et de remettre la clé à Boisseuille, en lui disant de faire attention, s'il entendait qu'elle fût trop gênée, *de la desserrer un peu*. Boisseuille y fut plusieurs fois pour la visiter. Au bout de deux heures, je pris la clef, et je lui donnai la faculté de s'asseoir, quoique cependant elle n'avait aucune blessure.

Le lendemain, je la fis conduire chez son maître par le chasseur Boisseuille, qui nous donna 20 francs de prise.

Mon Commandant, je suis avec respect, etc.

Le Sous-Brigadier des Chasseurs des montagnes,

MOULET.

Nota. Le burlesque le dispute ici à la cruauté naïve. Ce M. Léonard avait sur l'ordre en général, et sur l'intérêt de la discipline en particulier, des idées moins bien exprimées, il est vrai, que celles de l'administration, mais identiques et suivies. Voyez la lettre du 17 février 1845, page 85.

N° 32.

Fort-Royal, le 15 mai 1845.

A MONSIEUR FRANCE, CHEF D'ESCADRON COMMANDANT LA GENDARMERIE DE LA MARTINIQUE.

Mon Commandant,

J'ai l'honneur de vous rendre compte que depuis plusieurs jours j'ai appris par la clameur publique que le sieur Chéry Delasse, boulanger au Fort-Royal, quai de Leyrithz, à coté du sieur Boniface, *tenait à l'attache un de ses nègres,* dans l'intérieur de sa cour ; ce matin, j'ai su positivement *qu'au lieu d'un noir enchaîné, il y en avait trois*, nommés Faustin, Félix et Alexandre, et que pour parvenir dans la cour où ils se trouvent, il fallait traverser la maison principale et la boulangerie.

Je suis avec respect, mon Commandant, votre très-humble, etc.

Le Maréchal-des-logis,
H. COMMIN.

Nota. Que voulez-vous? le maître sait bien qu'il est seul juge dans les faits de discipline... et les magistrats sont peu encouragés à suivre l'exemple de M. Chevalier, substitut du procureur du roi.

N° 33.

Fort-Royal, le 1er juin 1845.

A MONSIEUR FRANCE, CHEF D'ESCADRON COMMANDANT LA GENDARMERIE DE LA MARTINIQUE.

Mon Commandant,

J'ai l'honneur de vous rendre compte que le maréchal-des-logis Rougé, commandant la brigade du Lamentin, a fait conduire ici hier, à la disposition de M. le procureur du roi, la nommée Vitalis, âgée de *dix-huit à vingt ans*, esclave du sieur Adolphe-Pierre Charles, de la commune de la Rivière-Salée, qui s'est présentée volontairement au quartier de la gendarmerie, ayant au cou un énorme collier en fer et une forte chaîne d'un mètre de long, pesant ensemble de quatre à cinq kilos.

Cette jeune négresse a déclaré à ce sous-officier qu'elle était parti marronne depuis jeudi dernier, *parce que son maître la tourmentait nuit et jour,* et que tout ce qu'elle demandait à la justice était d'être vendue.

Je suis avec un profond respect, mon Commandant, votre très-humble, etc.

Le Maréchal-des-logis,
H. COMMIN.

Nota. Des faits semblables, trop peu rares dans l'esclavage qui corrompt plutôt les maîtres eux-mêmes, entraînaient autrefois l'expropriation de droit, s'ils pouvaient être constatés... c'est-à-dire presque jamais; aujourd'hui surtout, parce que l'ancien régime pourrait désorganiser les ateliers... nouveau style, depuis le rachat en principe... Permis aux Lucrèces esclaves de chercher la tranquillité dans la mort... mais non dans la fuite, fait criminel par le vol de la personne ou d'un canot... ce serait un exemple déplorable, dit M. le directeur de l'intérieur, c'est éminemment un fait de discipline dont le maître est seul juge... même pour le punir...

L'inflexible loi des droits acquis doit restituer sa proie à la vengeance et à la passion du propriétaire!!!

N° 34.

Extrait des notes qui sont parvenues au commandant sur de nouveaux sévices exercés envers des esclaves.

Dans la matinée du 12 octobre 1845, le sieur O'Neil, économe de l'habitation Lagrange, du quartier du Marigot, s'est jeté sur l'esclave Colombe, nourrice d'un enfant de quatre mois, et l'a frappée avec fureur à coups de poings et à coups de bâton à la tête et sur le corps, de manière à la mettre tout en sang. Après avoir ainsi maltraité cette malheureuse, il l'a fait mettre à la barre jusqu'à l'arrivée du sieur de Pompignan, gércur, qui était absent. Celui-ci, à son retour, et sans écouter aucune explication de la part de Colombe, lui a fait donner 29 coups de fouet à nu, et a ordonné qu'on lui mît une chaîne avec un boulon au pied. Cette pauvre femme s'est enfuie de la sorte avec son enfant pour se rendre à St-Pierre, afin de se plaindre au procureur du roi des traitements barbares qu'on venait de lui faire subir. Elle avait fait observer avec timidité au sieur O'Neil qu'on doublait sa tâche, que l'excès de ses fatigues altérait son lait et rendait son nourrisson malade. C'était là tout le crime de cette infortunée !!!

Arrêtée en route faute de permis, elle a été conduite à la geôle, où on lui a ôté ses fers, et où elle a pu enfin se faire entendre ! Des gens de l'art ont constaté ses blessures avec effusion de sang, et les traces des 29 coups de fouet qu'elle avait reçus. Comme elle se plaignait de douleurs à la tête et dans la région lombaire, elle a été mise à l'hôpital pour y recevoir les soins nécessaires.

Ces faits ont donné lieu à une instruction ; nous ignorons quel en a été le résultat, mais qu'on se rassure ; le sieur Jules Dispagne, dont la victime enceinte est avortée presque sous les coups de fouet et que les traitements les plus cruels ont conduite aux portes de la tombe, en a été quitte pour quinze jours d'emprisonnement.

O'Neil, mis en prévention, s'en sera tiré peut-être à meilleur marché.

N. 35.

Dans le courant de décembre, un nègre nommé Auguste, de l'habitation Prémorant, appartenant à M. Thorely, beau-frère de M. Morel, président de la Cour royale de la Martinique, s'est présenté à la geôle de St-Pierre, en demandant à faire une déclaration à M. le procureur du roi.

L'esclave Auguste dit à M. Roujol, substitut, qu'il avait quitté l'habitation, parce que le géreur voulait le mettre aux fers, par la raison qu'un mulet, confié à sa garde et à celle d'un autre nègre, était mort, que son camarade était déjà aux fers après avoir reçu un quatre piquets. M. le substitut lui observa que ce n'était point là un motif suffisant pour s'enfuir de l'habitation. Oh! répliqua Auguste, je n'ai pas voulu subir le sort qui m'attendait; il eût été le même que celui de quatre de mes malheureux compagnons qui sont morts cette année par suite des mauvais traitements que le géreur leur a fait subir!!!

On a étouffé cette affaire. C'est encore une de ces monstruosités qui se renouvellent journellement.

N. 36.

Un atelier de l'une des grandes habitations du quartier de la Pointe-Noire, appelée l'Eyritz, s'est insurgé en masse. Les nègres ont jeté leur houe, en déclarant qu'ils ne la reprendraient qu'autant qu'on leur donnerait la nourriture prescrite par les réglements, et qu'on n'exigerait d'eux que le temps voulu par la nouvelle loi. On ne leur donnait que du maïs en graine, sans morue ni manioc. On voulait aussi les faire travailler la nuit malgré la défense faite par la loi.

Cette force d'inertie opposée par des esclaves n'était pas sans quelque gravité, et parut embarrassante à M. Roujol, substitut du procureur du roi de Saint-Pierre, qui s'est rendu sur les lieux, ainsi que le général Rostoland à la tête d'un détachement ; mais comment tirer l'épée contre des malheureux inoffensifs, qui ne réclamaient rien que de juste et n'opposaient aucune force à d'inhumaines et illégales vexations?

Quelques personnes connaissaient la vérité des griefs dont les esclaves se plaignaient, et ne pouvaient désapprouver ces malheureux. Les magistrats et la gendarmerie avaient dû dresser des procès-verbaux. On s'est bien gardé d'ordonner une instruction qui aurait pu dévoiler les mystères de l'habitation de l'Eyritz, car on sait qu'il y a aussi des mystères sur les habitations. Le général Rostoland, possesseur d'esclaves, et le magistrat créole, étaient intéressés à étouffer les plaintes de ces malheureux, qui continuèrent d'être nourris comme des poules, de travailler la nuit, et d'être fouettés cruellement. Voilà comme la loi du 18 juillet 1845 recevra son exécution sous des magistrats et fonctionnaires créoles ou créolisés. Comme ce fait a reçu la plus grande publicité à la Martinique, je considère comme un devoir de le signaler à l'opinion publique en France. J'omets beaucoup de détails qui m'ont été envoyés par des personnes dignes de foi. On les connaîtra plus tard ; ils sont tellement révoltants, qu'on aurait de la peine à y ajouter foi en ce moment.

N[e] 37.

Le 29 février 1844, les habitants du quartier de la prison de Fort-Royal étaient en émoi, en entendant les gémissements et les cris d'une femme qu'on venait de prendre à la geôle, et que des nègres à la chaîne portaient dans un hamac avec un enfant de 7 à 8 mois, pour la mettre dans un bateau afin de la transporter au Vauclin, sur l'habitation du sieur Jules Dispagne, son maître.

Cette malheureuse femme, nommée Coralie, qui avait quitté l'habitation à la suite d'horribles traitements, fut arrêtée avec son jeune enfant, en état de marronnage, ayant des fers aux pieds et des traces récentes d'un collier en fer au cou. Elle a été déposée à la geôle, en disant qu'elle préférait y mourir avec son enfant plutôt que de retourner chez son maître, où elle éprouverait chaque jour les traitements les plus barbares, et malgré lesquels le sieur Jules Dispagne n'a pas moins obtenu, de l'autorité locale, l'autorisation de faire encore infliger à la pauvre Coralie le supplice du quatre-piquets, de 29 coups de de fouet, en présence des prisonniers, laquelle s'étant vue tout en sang, après son évanouissement, s'est livrée au plus violent désespoir.

La gendarmerie ayant été chargée de mettre à exécution une réquisition tendant à la faire conduire chez son maître, a été saisie de pitié en voyant l'état déplorable de cette femme, ainsi que sa vive résistance. L'un des gendarmes vint alors chez moi pour m'en rendre compte, et prendre de nouveaux ordres. Je me rendis aussitôt à la prison, où j'ai vu moi-même la résistance et le désespoir de Coralie, dont le corps meurtri et déchiré rougissait le pavé.

Indigné de ces traitements inhumains, j'ai dit aux gendarmes, « Vous êtes des soldats, laissez cette malheureuse ! ce n'est point là le service auquel la gendarmerie est appelée. »

L'autorité a cru devoir plus tard s'adresser à la police pour la faire sortir de prison, de la manière que j'ai indiquée ci-dessus.

N° 38.

Fort-Royal, 1er novembre 1844.

En vertu d'un réquisitoire de M. le procureur du roi, en date d'hier, le maréchal-des-logis Commin a fait conduire aujourd'hui au Lamentin, sur l'habitation Humbert Desprez, la nommée Adélaïde avec ses enfants.

Cette esclave est partie avec regret ; *elle craint d'être battue à son arrivée chez son maître*, et quoique le maréchal-des-logis Commin lui ait dit à plusieurs reprises qu'elle ne le serait pas, elle a toujours répondu que tôt ou tard *elle payerait cher* sa démarche auprès de l'autorité.

Le maréchal-des-logis, commandant la lieutenance,
H. Commin.

Nota. La malheureuse ne se trompe pas! la crainte n'est que trop fondée ! il y a tant d'exemples.

Voyez les promesses qui avaient été faites aussi au commandant de la gendarmerie, pour l'esclave Rosine, par l'ex-maire du Gros-Morne ; et pour l'esclave Pauline dite Polixène, du sieur Rampont de la Rivière-Salée. Et puis il n'y a point de loi qui autorise ces promesses, excepté celle de l'humanité, qui cède toujours aux exigences des intérêts, de la discipline et des droits acquis, etc.

Voy. Lettre de M. Frémy, 17 février 1845.

N° 39.

Le 28 juillet 1844, l'esclave Adélaïde, mère de deux enfants jumeaux qu'elle nourrissait, ayant été trouvée endormie étant de garde, a subi pour cette cette faute le supplice du quatre-piquets. Cette malheureuse femme a en outre été maltraitée cruellement à coups de rigoise, après quoi elle fut jetée dans un parc à bœufs, d'où elle s'est esquivée, pendant la nuit, avec ses deux enfants pour se rendre à Fort-Royal. Elle s'est d'abord présentée, en arrivant dans cette ville, chez les dames Désouches, qui n'ont pu voir sans pitié et sans indignation son corps tout en sang et sillonné des coups qu'elle venait de recevoir ; elle est allée ensuite chez le procureur général, qui, après l'avoir interrogée, l'a envoyée à la geôle, et enfin fait transporter le lendemain à l'hôpital, pour y recevoir les soins que réclamaient ses nombreuses blessures. Il n'a pas fallu moins de deux mois pour la guérir et la mettre en état d'être reconduite sur l'habitation de son oppresseur.....

Vers la même époque, un autre acte de cruauté raffinée a été commis sur l'habitation du sieur Humbert Desprez. Voici comment :

Sur le soupçon qu'un bœuf, qui venait de mourir, avait été empoisonné par un de ses nègres, ce colon fit couper la tête de l'animal et obligea l'esclave sur qui il faisait planer le soupçon d'empoisonnement, de la porter pendant les heures de travail de l'atelier, sur sa tête et sur sa poitrine, jusqu'à ce quelle fût en complète putréfaction L'odeur infecte qu'elle exhalait occasionna la mort de ce malheureux.

Un mandat d'amener a été décerné contre le sieur Humbert Desprez, et la gendarmerie ayant été chargée de le mettre à exécution, en accompagnant M. Mercier, procureur du roi, et M. Poyen, conseiller-auditeur, faisant fonction de juge d'instruction (magistrats créoles), a été, par ces messieurs invitée à se tenir en dehors de l'habitation, et le lendemain, le maréchal-des-logis Rougé ayant été requis de s'y rendre avec un gendarme, mais avec la recommandation de n'arriver sur l'habitation qu'une demi-heure après ces magistrats, qui furent au-devant de ce sous-officier en le voyant arriver, pour lui dire que c'était une affaire de rien..... qu'il pouvait se retirer.....

La chambre des mises en accusation, composée de MM. Jorna de Lacale, de Beausire et Troley, les deux premiers magistrats créoles, le dernier qui a épousé une créole et qui a plus de suffisance que de savoir, ont aussi trouvé que c'était une affaire de rien..... en déclarant qu'il n'y avait pas lieu à poursuivre le sieur Humbert Desprez, lequel en a été quitte pour un peu de peur, à cause des atrocités dont il s'est rendu coupable envers ses malheureux esclaves.....

N° 40.

Fort-Royal, le 16 avril 1845.

A MONSIEUR FRANCE, CHEF D'ESCADRON COMMANDANT LA GENDARMERIE DE LA MARTINIQUE.

Mon commandant,

J'ai l'honneur de vous rendre compte qu'en vertu d'un réquisitoire de M. le maire de la commune du Sud, les gendarmes Allerstorffer et Corneille, de la brigade des Anses-d'Arlets, ont conduit ici, hier, à la disposition de M. le procureur du roi, deux esclaves marrons nommés Alexandre et Nelson, appartenant à M. de Grenonville, habitant de la commune du François.

Ces deux esclaves ont déclaré à M. le procureur du roi et aux gendarmes que, le 9 de ce mois, ils traversaient les terres de l'habitation le Grand-Céron, au Diamant, lorsqu'ils furent conduits devant le géreur, M. Telliam Maillet, qui les fit mettre immédiatement au cachot, *avec défense au commandeur et à l'atelier de leur donner à manger;* que les ordres de ce monsieur ne furent point exécutés, puisque les domestiques de la maison leur firent passer leur nécessaire, mais qu'il y avait sept jours qu'ils étaient au cachot, lorsque la gendarmerie se présenta sur l'habitation pour les conduire à Fort-Royal.

Interrogés sur les causes de leur marronnage, ces noirs ont répondu qu'ils étaient partis marrons, *parce que le géreur, M. Bréaut, les maltraitait*, mais que leur intention était de rentrer aussitôt que leur maître, qui est en France et qui est attendu de jour en jour, serait arrivé.

Je suis avec un profond respect, mon commandant, votre très-humble, etc.

Le Maréchal-des-logis commandant la lieutenance,

H. Commin.

Nota. Ces domestiques humains n'ont heureusement, pas suivi la doctrine qui suppose le maître seul juge des faits de discipline, et qu'on ne doit pas se mêler de ce qui regarde l'intérêt de la discipline.

(Voy. lettre, 17 février, M. le directeur).

N° 41.

Fort-Royal, le 5 août 1845.

A MONSIEUR LE COMMANDANT DE LA GENDARMERIE.

Monsieur le commandant,

Au reçu de votre lettre du 26 juillet dernier (n° 484), j'ai écrit au procureur du roi de Saint-Pierre, pour qu'il eût à me fournir des renseignements sur les faits que vous me signaliez; j'avais été informé par la notice hebdomadaire du suicide de Bernard et de celui de Fanny; mais comme M. le procureur du roi s'était borné à mentionner qu'il n'y avait ni crime ni délit, je n'avais pas cru nécessaire de demander que les procès-verbaux fussent transmis.

J'ai ces procès-verbaux sous les yeux, et j'ai peine à comprendre, qu'en ce qui concerne Bernard, la cause de sa mort soit pour vous l'objet d'un doute, alors que le brigadier de gendarmerie s'exprime ainsi dans son procès-verbal : « La seule cause qui ait pu porter Bernard à cet acte de désespoir est, selon M. Ludovic Brière, l'infidélité d'une jeune négresse qu'il aimait éperdûment et qui s'était donnée à un autre. Bernard était traité très-favorablement par M. Brière, qui lui avait confié la charge de commandeur depuis 1828, et dans laquelle charge il s'était créé, ainsi que nous avons pu le remarquer par l'état de son mobilier, une aisance au-dessus de sa condition.....; » et que celui du maire de la commune était que le corps de Bernard, parfaitement lisse, ne portait aucune trace de châtiment !

Quant à la nommée Rosine, M. le procureur du roi m'écrit qu'il n'a reçu ni procès-verbal, ni plainte, ni dé noncitaion, et que c'est par ma lettre qu'il a été informé des faits que vous m'avez signalés. Je vous ferai observer qu'en votre qualité d'officier de police auxiliaire, lorsqu'un fait répréhensible vous est dénoncé, vous ne devez pas vous borner à le consigner dans votre correspondance; mais que vous devez dresser un procès-verbal, faire faire toutes les constatations nécessaires, et me les transmettre, si vous jugez que votre grade est un obstacle à ce que vous les adressiez directement au procureur du roi du ressort; autrement, il pourrait arriver, comme dans l'espèce, qu'il fût impossible de constater la matérialité du délit.

Agréez, monsieur le commandant, l'assurance, etc.

Le procureur-général,

MOREL.

Nota. C'est sur le dire du *maître seul* que le procès-verbal a été rédigé; c'est donc sur la foi de la partie intéressée qu'on dit que le suicide a été commis sous l'influence d'une jalousie et que le cadavre ne portait aucune trace de mauvais traitements.

Comme antécédents à l'esclave Rosine, il faut dire que cette femme, qui avait toujours été ouvrière dans la ville, fut mise à l'encan et achetée par un sieur Montplaisir, habitant la campagne.

D'après les marques de désespoir qu'elle montrait d'être obligée d'aller sur l'habitation et travailler à la houe, son nouveau maître vint me demander de la faire conduire par la gendarmerie; sur ma réponse que cette mesure ne pouvait avoir lieu qu'en vertu d'une réquisition de l'autorité, celui-ci me promit de ne pas la faire travailler à la houe, mais seulement au service de la maison, si je pouvais déterminer son esclave à le suivre, ce que je fis.

Peu de temps après, cette malheureuse fut forcée de

travailler aux cannes, malgré la promesse de son maître; elle fut maltraitée avec les circonstances les plus cruelles pour lui avoir rappelé d'avoir manqué à ses engagements.

Tels sont les faits que j'avais signalés à M. le procureur général; et si, quand cette femme, après sa fuite de chez son maître, est venue se plaindre auprès de moi, comme tant d'autres, je n'ai point fait de rapport et je ne les ai point envoyés à l'autorité judiciaire, c'est parce que, en pareil cas, presque toujours ces malheureux esclaves étaient reconduits auprès de leurs maîtres pour être châtiés plus cruellement de ce qu'on n'avait pas cru devoir donner suite à des plaintes, qui n'étaient justifiées que par les sillons sanglants qui couvraient leurs corps et qui souillaient leurs haillons.

Je puis citer nominativement M. Adam, substitut à Fort-Royal, qui a repoussé mes observations relativement aux affreux sévices exercés par le sieur Jules Dispagne envers les esclaves Coralie et Himitée.

Voilà ce qui explique le paragraphe de la lettre de M. le procureur-général et qui est en contradiction avec les doctrines de M. Mathieu et de M. le directeur de l'intérieur, du 17 février 1845.

N° 42.

Ce 15 juin 1845.

Mon Commandant,

D'après votre demande verbale, j'ai l'honneur de porter à votre connaissance qu'il existe encore plusieurs cachots sur diverses habitations du Vauclin. Savoir :

1° — Il y a en deux sur l'habitation à M. de Meynard (au Saucouci), gérée par M. Cassou.

2° — Il y en a un sur l'habitation Lapommirot, gérée par M. Humbert Isidore.

3° — Il y en a un sur l'habitation de madame de Coru, gérée par son fils de Coru.

4° — Il y en a un sur l'habitation de M. Puifferrat, au Macabout.

5° — Il y en a un sur l'habitation de M. le Chevalier de Perpignan, au Macabout, gérée par M. Maraud.

6° — Il y en a deux sur l'habitation de madame du Marin, au Macabout, gérée par M. Dangleberne.

Jusqu'à ce jour, je ne puis vous donner d'autres renseignements.

Je suis avec respect, mon commandant, votre très-humble, etc.

GEORGIN, brigadier.

Nota. Voy. Discours de M. Ch. Dupin, qu'on ne peut obliger à les détruire, etc. Voyez les paroles des procureurs-généraux..... il y a des cachots partout.

N° 43.

Le 27 août 1845, vers les onze heures du matin, jour où la députation de Fort-Royal s'est présentée chez moi pour me remettre une adresse, le nommé Laurencin, âgé d'environ 16 ans, esclave de l'habitation du sieur Simonet, située sur la commune du Lamentin, est venu dans mon bureau, ayant un gros anneau en fer au cou et un fer au pied droit, après lesquels était fixée une chaîne énorme, qui n'avait pas la longueur nécessaire, ce qui obligeait ce malheureux, qu'on faisait travailler dans cet état, à se tenir courbé en marchant.

J'ai fait conduire cet esclave au procureur-général, qui l'a renvoyé à son maître, après avoir eu la générosité de lui faire enlever ses fers.

TROISIÈME SÉRIE.

N° 44.

Vauclin, le 1er avril 1844.

A MONSIEUR LE PROCUREUR DU ROI.

Monsieur,

D'après votre ordre, je me suis rendu aujourd'hui sur l'habitation Pommirot, gérée par M. Colignon, au sujet de l'esclave Saint-Louis, qui était porteur d'une chaîne de fer très-grosse; elle lui avait été retirée le 31 mars, comme M. Colignon l'avait promis. Je me suis assuré du fait; j'ai vu Saint-Louis, qui n'était porteur d'aucune chaîne : il travaillait à la sucrerie. Je me suis également rendu sur l'habitation de madame veuve Dispagne, au sujet de la négresse Coralie ; je l'ai vue travailler au jardin avec les nègres de cette habitation, à huit heures un quart du matin ; elle a été déjeûner dans sa case aujourd'hui 1er avril 1844, et l'on m'a assuré qu'elle avait été mise en liberté depuis plusieurs jours.

Je suis avec respect, Monsieur le Procureur du roi, etc.

GEORGIN, brigadier.

Nota. Preuve des ménagements infinis à l'égard des maîtres.

N° 45.

Vauclin, le 31 mars 1844.

A MONSIEUR DE COLNET, LIEUTENANT, COMMANDANT LA GENDARMERIE DE L'ARRONDISSEMENT, A FORT-ROYAL.

Mon Lieutenant,

J'ai l'honneur de vous rendre compte que M. le procureur du roi de l'arrondissement de Fort-Royal me fit appeler sur l'habitation Thoré, du Vauclin, à sept heures du matin, le 28 mars 1844, où je me suis rendu de suite. Il me donna un ordre verbal de me rendre, dans le courant de la journée, sur l'habitation Pommirot, gérée par M. Colignon, pour m'assurer si le nommé Saint-Louis, esclave de cette habitation, avait encore une chaîne de fer très-grosse sur lui. D'après l'ordre que j'avais reçu de ce magistrat, je me suis rendu sur cette habitation; à mon arrivée, je me suis présenté près de M. Colignon, lui ai dit que je venais de la part de M. le procureur du roi pour m'assurer près de lui s'il avait fait retirer la chaîne au nègre Saint-Louis, tel que M. le procureur du roi lui en avait donné l'ordre le 27 dudit. Il me répondit qu'il ne la lui avait point fait ôter de suite, *vu que les nègres auraient pensé que c'était ce magistrat qui lui faisait ôter;* mais il me répondit que je pouvais dire en toute sûreté à M. le procureur du roi qu'il lui ferait ôter *le dimanche matin 31 dudit.*

J'ai également reçu un ordre verbal pour me rendre sur l'habitation de madame veuve Dispagne, pour m'assurer si la négresse Coralie, esclave de cette dame, était encore détenue. M. le procureur du roi m'a dit qu'il avait donné ordre à M. Jules Dispagne de la faire mettre en liberté de suite, et qu'il ne fallait pas la détenir plus longtemps. Il m'a également dit de ne pas m'en assurer de suite ; qu'il fallait attendre quelques jours.

J'ai envoyé mon rapport aussitôt après à M. le procureur du roi, qui était dans ce moment chez M. le maire du Vauclin, où il me donna un second ordre verbal de me rendre sur les deux habitations désignées d'autre part, pour m'assurer si l'esclave Saint-Louis avait été déchaîné, et si la négresse Coralie avait été mise en liberté. Il me dit de ne m'y rendre que le 1er avril 1844.

Je suis avec respect, mon Lieutenant, etc.

GEORGIN.

N° 46.

Lamentin, le 1er août 1844.

A MONSIEUR DE COLNET, LIEUTENANT DE GENDARMERIE, A FORT-ROYAL.

Mon Lieutenant,

J'ai l'honneur de vous envoyer les états de fin de mois, ainsi que deux procès-verbaux de recherches infructueuses contre le nommé Jean-Marie, esclave de l'habitation de M. Humbert Desprez, vous rendant compte que, dans une tournée que j'ai faite le 30 du mois dernier, passant chez M. de La Tuillerie, il m'a témoigné un grand mécontentement au sujet des instructions que M. notre chef d'escadron nous avait fait donner, me disant qu'il n'avait pas de compte à lui rendre, qu'il n'y avait rien de personnel pour moi ni pour aucun de mes gendarmes, mais que notre commandant n'ait pas à se présenter sur son habitation, parce qu'il lui défendait d'y pénétrer, et qu'à la prochaine réunion du conseil municipal, il demanderait à ce qu'il n'y ait plus de gendarmerie au Lamentin.

J'ai fait des recherches contre le sieur Maugé, contre lequel vous m'avez envoyé une copie d'un mandat d'arrêt. M. Papin m'a dit qu'il ne le connaissait pas, et qu'il n'avait jamais paru sur son habitation, je n'en continuerai pas moins, cependant, à poursuivre mes recherches. Du reste, tout est fort tranquille dans la commune.

Je suis avec respect, mon Lieutenant, etc.,

ROUGÉ, maréchal-des-logis.

GENDARMERIE DE LA MARTINIQUE.

N° 47.

L'an mil huit cent quarante-quatre, le cinq du mois d'avril, nous, de Colnet (Eugène), lieutenant de gendarmerie à la résidence de Fort-Royal, certifions que le vingt-six mars dernier, un nègre de l'habitation Kirwoine, sise commune de Fort-Royal, gérée par M. Vivier, fut apporté au cimetière de Fort-Royal, où *il a été enterré,* la notoriété publique ayant formé des doutes sur le genre de mort de ce nègre, son cadavre, exhumé par ordre de M. le procureur du roi, et M. le docteur Dutrouleau fut chargé de l'autopsie. Les soussignés se trouvaient alors absents pour service, sur l'habitation la Jambette, avec M. le docteur Reynier, et, à leur retour, le brigadier Nicolas se rendit chez M. le commissaire de police, dont les agents avaient assisté à l'exhumation du cadavre, et ce magistrat répondit à ses questions : Un nègre, à la vérité, a été exhumé, mais je ne pense pas que la justice puisse informer.

Aujourd'hui, cinq avril, M. le chef d'escadron France,

en tournée aux Trois-Ilets, écrit au lieutenant de Colnet, auquel il envoie ses ordres à cet effet, qu'un jeune nègre de la côte d'Afrique, appartenant à la dame veuve Kirwoine, dont l'habitation est située près du Fort-Royal, lequel serait *mort par suite de mauvais traitements* que le géreur de cette habitation lui aurait fait subir.

Voici les circonstances relatives à ce crime, telles qu'elles ont été rapportées à notre commandant : Un jeune mulâtre, appartenant à une demoiselle Lité, du Fort-Royal, appelé Siméon, fut envoyé, il y a peu de temps, par sa maîtresse, sur l'habitation Kirwoine ; le jeune homme n'ayant pas été exact à payer ses loyers à sa maîtresse, fut mis à la salle de discipline, d'où il s'est évadé. Un jeune Africain de cette même habitation est soupçonné d'avoir favorisé cette évasion, au moyen d'une ouverture à la muraille où Siméon était détenu. Le jeune Africain nia d'abord qu'il avait favorisé l'évasion de Siméon ; mais, étant maltraité *à coups de fouet,* il fit l'aveu que l'on voulait lui arracher, *il fut mis aux fers.* Quelques jours après, Siméon fut arrêté et enchaîné avec le jeune Africain.

On a assuré que ce dernier était fouetté ou battu *tous les deux ou trois jours.* Le 24 mars, il fut encore maltraité, parce qu'il ne voulait pas aller au travail, en disant qu'il était malade ; on l'a de nouveau maltraité comme un paresseux, et son mal s'étant aggravé, on a été chercher le docteur Aubry, qui l'a trouvé mort en arrivant sur l'habitation. Cet Africain a été enseveli au Fort-Royal ; *on ne lui a ôté les fers qu'après sa mort*, lorsqu'il a fallu le porter au Fort-Royal pour l'ensevelir, ce qui peut faire supposer *qu'il est mort des mauvais traitements* dont il a été l'objet.

Nous, soussignés, certifions donc nous être transportés, le cinq avril, sur l'habitation Kirwoine, où nous avons trouvé le sieur Vivier, géreur, couché, malade, dans un hamac, et paraissant beaucoup souffrir de la position dans laquelle il se trouvait. Surpris de notre arrivée inopinée, mais ne cherchant pas néanmoins à s'accuser, ce qui est naturel, il a cherché à nous raconter à son avantage une partie des faits que nous venons de signaler, tout en se plaignant de la position fâcheuse et préventive dans laquelle il se trouvait, surtout ayant pour frère le sieur Vivier, qui venait d'être condamné pour mauvais traitements envers un esclave, ce qui mettait contre lui l'opinion publique. L'état du sieur Vivier ne nous a pas semblé permettre de continuer nos investigations, et nous lui avons dit que, puisqu'il était malade, nous allions nous retirer ; ce que nous fîmes.

Cejourd'hui six avril, à sept heures du matin, nous nous étions rendus de nouveau sur l'habitation Kirwoine, et nous avons trouvé le sieur Vivier encore un peu malade, mais debout et pouvant nous répondre avec sang froid ; c'est ce qu'il fit en y mettant beaucoup de prévoyance, voire même de la réticence. Après avoir voulu d'abord nous dire que, depuis le vingt-cinq février dernier, son nègre avait été châtié plusieurs fois, il voulut nous dire ensuite qu'il ne l'avait été qu'une fois, et le vingt-cinq février. C'est alors que le sieur Vivier s'est beaucoup ravisé, en nous montrant une assignation qu'il avait reçue de M. le juge d'instruction, pour comparaître en son cabinet le treize avril courant. Après avoir eu connaissance de cette pièce, nous ne pouvions plus interroger le sieur Vivier, et nous nous sommes contentés de prendre par écrit la note suivante sous sa dictée : « Le vingt-cinq mars, le

« nègre Martin a été conduit à son travail comme de « coutume ; à midi, il me fit dire qu'il avait la fièvre ; je « lui fis prodiguer des soins comme de coutume, et quel fut « mon étonnement, que le vingt-six au matin on vint « m'avertir qu'il etait mort. »

Après avoir pris cette note, le sieur Vivier ajouta : « Voilà tout, messieurs, et je m'arrangerai du reste de- « vant M. le juge d'instruction. »

Et le même jour, vers onze heures du matin, les soussignés, considérant que la gendarmerie est instituée pour faire respecter les personnes et les propriétés, et constater les crimes et délits, obéissant aussi à l'ordre de notre commandant, nous sommes remontés à cheval, afin de prendre des renseignements dans le voisinage de l'habitation Kirwoine, et nous avons facilement reconnu que le bruit de la ville avait circulé dans la campagne, et que la clameur publique accusait le sieur Vivier d'avoir été cause que le nègre Martin était mort le vingt-cinq mars dernier, à la suite de mauvais traitements qu'il lui avait fait subir depuis près d'un mois.

Attendu que la justice est saisie de cette affaire, et qu'il n'y a plus flagrant délit qui nous autorise à agir, nous avons clos et arrêté le présent procès-verbal pour être transmis à M. le procureur du roi, pour servir et valoir ce que de droit.

Au Fort-Royal, les jour, mois et an que dessus, et avons signé.

L. Nicolas, De Colnet.

N° 84.

Aux Trois-Ilets, le 5 avril 1844.

A MONSIEUR DE COLNET, LIEUTENANT DE GENDARMERIE.

Monsieur le Lieutenant,

Je suis informé qu'un jeune nègre de la côte d'Afrique, appartenant à la veuve Kérouan, dont l'habitation est située près du Fort-Royal, serait mort par suite des mauvais traitements que le géreur de cette habitation lui aurait fait subir.

Voici les circonstances relatives à ce crime, telles qu'elles m'ont été rapportées : Un jeune mulâtre appelé Siméon, appartenant à une demoiselle Litée, du Fort-Royal, fut envoyé il y a peu de temps par sa maîtresse sur l'habitation de cette personne. Ce jeune homme, n'ayant pas été exact à payer les loyers à sa maîtresse, fut mis à la salle de discipline, d'où il s'est évadé. Un jeune nègre africain, de cette même habitation, est soupçonné d'avoir favorisé cette évasion au moyen d'une ouverture pratiquée à la muraille où Siméon était détenu. Le jeune Africain nia d'abord qu'il avait favorisé l'évasion de Siméon ; mais, maltraité à coups de fouet et à coups de rigoise, il fit l'aveu que l'on voulait lui arracher, et fut mis ensuite aux fers. Quelques jours après, Siméon fut arrêté et enchaîné avec le jeune Africain.

On m'a assuré que ce dernier était fouetté et battu tous les deux ou trois jours. Le 25 mars, il fut encore maltraité, parce qu'il ne voulait pas aller au travail, en disant qu'il était malade. On l'a de nouveau traité comme un paresseux, et son mal s'étant aggravé, on est allé chercher le docteur Aubry, qui l'a trouvé mort en arrivant sur l'habitation. Cet Africain a été enseveli au Fort-

Royal ; on ne lui a ôté les fers qu'après sa mort, lorsqu'il a fallu le porter au Fort-Royal pour l'ensevelir, ce qui peut faire supposer qu'il est mort par suite des mauvais traitements dont il a été l'objet.

Comme la gendarmerie est instituée pour faire respecter les personnes et les propriétés, et constater les crimes et les délits, je vous invite à prendre tous les renseignements nécessaires à cet égard, soit sur l'habitation de madame veuve Kérouan, soit près des voisins qui peuvent fournir des indices sur ce fait. On m'assure également que le géreur de cette habitation est le frère de Vivier, géreur de l'habitation Delessau, qui est détenu à la geôle du Fort-Royal, comme prévenu d'excès sur ses esclaves.

Un procès-verbal devra constater tous ces faits, dont vous rendrez compte à l'autorité supérieure.

Agréez, Monsieur le Lieutenant, etc.,

Le Chef d'escadron en tournée,

FRANCE.

N° 49.

Fort-Royal, le 5 octobre 1844.

A MONSIEUR LE COMMANDANT DE LA MARTINIQUE.

Monsieur le Commandant,

J'ai l'honneur de vous transmettre deux mandats d'amener décernés contre le nommé Rosemond, prévenu d'un châtiment excessif sur l'un de ses esclaves, châtiment qui aurait entraîné la mort, et je vous invite à pourvoir immédiatement à leur exécution. Vous pourriez vous concerter avec l'administration de la douane, afin que la surveillance la plus active soit exercée sur la côte.

Il est probable que Rosemond, qui a des relations avec quelques personnes de Sainte-Lucie, tentera de chercher un asile dans cette colonie ; le signalement du nommé Rosemond se trouve au dos de chaque mandat.

Agréez, Monsieur le Commandant, l'assurance, etc.

Pour le procureur-général en tournée,
Le premier substitut,
CH. LAROUGERIE.

Nota. Preuve que la composition des assesseurs est mauvaise, car la clameur publique s'élevait contre le prévenu.

N° 50.

Fort-Royal, le 1845.

A MONSIEUR LE COMMANDANT DE LA MARTINIQUE.

Monsieur le Commandant,

J'apprends que M. Poujol, substitut de M. le procureur du roi de Saint-Pierre, qui commence une tournée d'inspection dans les communes du Gros-Morne, du Robert et du François, a éprouvé quelque résistance sur les habitations d'Angleberny et Dangeros, au Gros-Morne. Je vous prie de donner des instructions aux différentes brigades de ces communes pour qu'elles ayent à prêter leur concours au magistrat et à répondre avec empressement aux réquisitions qui pourraient leur être adressées.

Agréez, Monsieur le Commandant, l'assurance, etc.

Le Procureur-général,
SELLES.

Nota. Preuve de la résistance qu'éprouvent les magistrats pour l'exécution de la loi du 5 juin 1840.

N° 21.

Fort-Royal, le 4 février 1845.

A MONSIEUR FRANCE, CHEF D'ESCADRON COMMANDANT LA GENDARMERIE DE LA MARTINIQUE.

Mon Commandant,

J'ai l'honneur de vous rendre compte que les gendarmes Bousquet et Ruisseau, de la brigade du Lamentin, viennent de conduire ici, à la disposition de M. le procureur du roi, en vertu d'un réquisitoire de M. Chevalier, substitut en tournée, le nommé Félix, esclave de l'habitation Bayardelle, appartenant au sieur Delorme, gérée par le sieur Bruneau et située au Lamentin.

Félix, âgé de 55 ans environ, infirme par suite d'une hernie grosse comme la tête, était depuis longtemps gardien d'animaux, lorsque les troupeaux confiés à ses soins éprouvèrent quelques pertes; pour la première fois, il reçut *vingt-cinq coups de fouet,* avec promesse que si les pertes continuaient, le châtiment serait beaucoup plus fort; le lendemain de cet avertissement, et au moment où il ouvrait le parc, il vit une vache roide morte; la peur s'empara aussitôt de lui, il partit marron, et ne rentra qu'un mois après.

A son arrivée, le sieur Bruneau *le couvrit de chaînes,* et l'envoya, malgré ses infirmités, travailler au jardin, où il a été vu par M. le procureur du roi et arrêté par la gendarmerie.

Je suis avec respect, mon Commandant, etc.

Le Maréchal-des-logis,

H. Commin.

Nota. C'est M. Chevalier, substitut du procureur du roi, qui a vu cela et qui a agi en conséquence au moins! On sait l'orage que cet acte de justice a excité contre ce magistrat........, qui a froissé non-seulement le maître, mais l'administration locale..... Que serait-il devenu lui aussi, en France....., sans l'honorable appui de M. le comte Beugnot?

N° 52.

Fort-Royal, le 13 mars 1845.

GENDARMERIE DE LA MARTINIQUE.

Par sa lettre du 12 de ce mois, n° 31, le brigadier Henry me rend compte qu'en traversant les terres de l'habitation de la dame Rivail, au Trou-au-Chat, il a rencontré un nègre de cette propriété, nommé Constantin, *qui avait un gros fer rond à un pied, auquel était attaché une grosse chaîne*, qui était tenue aux reins par une corde; cet esclave a déclaré que *depuis plus de trois ans* il portait ces fers, par suite d'un marronage qu'il avait fait.

Compte a été rendu à M. le procureur du roi et non à l'autorité supérieure.

Le Maréchal-des-logis commandant la lieutenance,

H. Commin.

Nota. On guérit quelquefois les contraires par les contraires... le goût dépravé de la liberté... par la nécessité de l'esclavage.

N° 53.

Lamentin, le 24 juin 1845.

A MONSIEUR COMMIN, MARÉCHAL-DES-LOGIS DE GENDARMERIE AU FORT-ROYAL.

Mon cher camarade,

J'ai l'honneur de vous informer que le gendarme Classe, accompagnant l'huissier du domaine Truche, a vu hier sur les terres de madame Rivailles, le nègre Constantin, lui appartenant, ayant au pied gauche une chaîne d'environ cinq pieds, ceinture comprise, tenant à la cheville du pied par un anneau, formant ensemble le poids d'environ 3 k. 1/2. D'après le dire du nègre, il y aurait cinq ans qu'il porterait cette chaîne.

Votre dévoué camarade,

ROUGÉ,
Maréchal-des-logis.

N° 54.

Fort-Royal, le 5 avril 1845.

A MONSIEUR FRANCE, CHEF D'ESCADRON COMMANDANT LA GENDARMERIE DE LA MARTINIQUE, EN TOURNÉE AU LAMENTIN.

Mon commandant,

M. le procureur du roi m'a prié, hier soir, de demander au maréchal-des-logis Rougé, un rapport circonstancié [1] sur les faits qui ont précédé et suivi l'arrestation du nè-

[1] C'est pour justifier les abus et non pour les empêcher qu'on veut des rapports circonstanciés... C'était pour perdre M. Chevalier, lui prouver qu'il avait été trop loin.

gre Félix, esclave de l'habitation Bayardelle, au Lamentin.

J'invite donc mon collègue à m'adresser sans retard *un rapport conciencieux, clair, précis et exempt de toute crainte,* qui constatera s'il est vrai, ainsi que plusieurs conseillers coloniaux l'ont écrit et dit, que toute la population du bourg du Lamentin avait suivi le noir Félix, lorsque la gendarmerie le conduisait à la forge pour le faire déferrer, s'il est vrai que des cris avaient été poussés de toute part, que des menaces avaient été faites au sieur Bruneau, et qu'enfin la tranquillité publique avait été entièrement troublée.

J'ai l'honneur d'être avec un profond respect, mon commandant, votre très-humble, etc.

Le Maréchal-des-logis commandant la lieutenance,
H. COMMIN.

Nota. Malheur à celui qui ferait un rapport consciencieux, exempt de crainte, comme il est dit dans cette lettre!

N. 55.

Lamentin, le 7 mai 1845.

A MONSIEUR COMMIN, MARÉCHAL-DES-LOGIS DE GENDARMERIE, AU FORT-ROYAL.

Mon cher camarade,

D'après les renseignements que j'ai pris, il est constant que M. le gouverneur a été sur l'habitation Bayardelle dans les premiers jours du mois de mars dernier; quant à l'époque à laquelle certains nègres de cette habitation *auraient été ferrés*, l'on n'a pu rien me dire; mais moi, j'ai vu, le 18 avril dernier, en allant accompagner le brigadier Bedou à la Rivière-Salée, deux nègres de cette même habitation, ayant chacun deux jambières, auxquelles était adaptée une chaîne d'environ un mètre et demi de longueur, et lesquels nègres allaient au travail dans cet état.

Votre dévoué camarade,

Le Maréchal-des-logis,
ROUGÉ.

N° 56.

GENDARMERIE DE LA MARTINIQUE.

L'an mil huit cent quarante-cinq et le onze du mois de février, vers les trois heures de relevée. Nous Schenck (Célestin), lieutenant de gendarmerie à la résidence de la Trinité, officier auxiliaire de M. le procureur du roi, procédant en vertu de son invitation, en date du sept courant, à l'effet de nous transporter sur l'habitation dite le Four-à-Chaux, appartenant au sieur Monrosier Dessources, afin de vérifier, par information sommaire, la détention illégale des nommés Charles et Apolline, ses esclaves.

Nous nous sommes transporté sur les lieux, accompagné du maréchal-des-logis de gendarmerie Tribouillard, et du gendarme Johnnès, où, étant arrivés, nous nous sommes présentés devant le sieur Monrosier Dessources, et après lui avoir donné connaissance du motif de notre transport, et d'avoir à nous représenter les esclaves ci-dessus dénommés, à quoi il a répondu se conformer immédiatement; il s'empressa effectivement d'appeler la mulâtresse Apolline, occupée au service de la maison, et de nous donner des chaises, ce qui fut fait; il appela ensuite le nommé Charles, son domestique, et lui dit de lui apporter un bout du feu, ce qu'il fit également, et nous fîmes garder à vue par le gendarme Johnnès les esclaves, Charles et Apolline ; nous invitâmes de nouveau ledit sieur Dessources à nous prêter un endroit pour pouvoir les interroger séparément; malgré quelques réflexions, il nous invita à entrer dans la chambre à coucher, nous fîmes alors venir le nommé Charles, seul en présence du maréchal-des-logis Tribouillard, et lui avons adressé les questions suivantes :

D. Comment vous nommez-vous ?

R. Charles.

D. Quel âge avez-vous?

R. Je ne sais pas (environ 16 ans).

D. Vous avez l'air souffrant, qu'avez-vous?

R. J'avais la fièvre depuis plusieurs jours, et aujourd'hui madame m'a donné pour vomir.

D. Vous avez un frère nommé Alexandre qui, dans ce moment est marron ; pourquoi est-il marron ?

R. Parce que monsieur voulait le battre.

D. Pourquoi votre maître voulait-il le battre?

R. Alexandre avait fait du tapage et avait pris la femme à François, que monsieur a acheté de M. Ravel.

D. N'avez-vous pas été mis aux fers pour cause de marronnage de votre frère Alexandre?

R. Oui.

D. Depuis quand êtes-vous sorti?

R. Environ huit jours.

D. Combien y êtes-vous resté de temps?

R. Environ un mois. Depuis un dimanche après le nouvel an, nous sommes restés quatre semaines avec ma sœur Apolline; c'était pour faire rentrer Alexandre marron.

D. Vous saviez donc où était votre frère?

R. Non, mais monsieur disait qu'il avait été retiré par ma mère et mes frères, qui sont libres et demeurent à la Grande-Anse.

D. N'avez-vous pas reçu quelques châtiments étant aux fers?

R. Non, si ce n'est le jour où on nous y a mis.

D. Quelle espèce de châtiment avez-vous reçu?

R. Monsieur était en colère et m'a donné sept ou huit coups de rigoise avant de me mettre à la chaîne.

D. Vous a-t-il fait déshabiller, et vous a-t-il fait coucher ?

R. Non, il m'a battu par dessus ma chemise et mon pantalon.

D. Avez-vous des marques, et faites-nous-les voir ?

R. Je n'ai plus de marques.

Nous le fîmes déboutonner, nous remarquâmes qu'il avait quantité de gros boutons de gale, nous lui en fîmes l'observation ; il convint qu'il avait attrapé la gale et ne savait où, et que c'était pour cela que sa maîtresse le traitait.

D. Quelle espèce de chaîne vous avait-on mise, et comment étiez-vous enferré ?

R. Nous étions enchaînés, moi et ma sœur, au pied tous les deux ensemble, avec une chaîne à canot.

D. Où vous a-t-on mis et où couchiez-vous ?

D. Dans la chambre où vous êtes, nous couchions sur une natte.

N'ayant d'autres questions à adresser, nous avons fait retirer le nommé Charles et fait venir la nommée Apolline, à qui nous avons adressé les questions suivantes :

D. Comment vous nommez-vous? et quel âge avez-vous?

R. Je me nomme Apolline ; je ne connais pas mon âge (environ 25 ans).

D. Que faites-vous sur l'habitation?

R. Je suis domestique de case, je garde l'enfant.

D. Vous avez un frère nommé Alexandre qui est marron ; pourquoi est parti-il marron?

R. Je ne sais pas.

D. N'est-ce pas parce que M. Monrosier voulait le battre, pour avoir pris la femme de son camarade François.

R. Oui.

D. Vous avez été mise à la chaîne avec votre frère Charles, combien de temps y êtes-vous restée?

R. Quatre semaines; nous étions dans la chambre à coucher où vous êtes, couchés sur une natte..

D. Que faisiez-vous, pendant que vous étiez aux fers?

R. Je cousais.

D. Comment étiez-vous enferrée?

R. J'avais la chaîne au pied.

D. N'avez-vous pas été châtiée pendant que vous aviez la chaîne?

R. Non, mon maître m'a donné plusieurs coups de rigoise avant de nous mettre aux fers.

D. Ces coups de rigoise vous ont-ils fait des blessures qui sont apparentes?

R. Non, depuis un mois, cela ne peut paraître.

D. Vos maîtres vous traitent-ils avec bonté et êtes-vous exacte à remplir votre devoir?

R. Je fais ce que je peux, et n'ai nullement à me plaindre de mes maîtres, si ce n'est que je ne suis pas cause qu'Alexandre soit parti marron.

N'ayant pas d'autres questions à adresser à la nommée Apolline, nous l'avons renvoyée à son travail.

Nous disposant à nous retirer, le sieur Monrosier nous fit part de ses réflexions, en nous disant que quelques délateurs de la famille des deux esclaves que nous avions questionnés étaient cause de notre transport ; mais qu'il se plaisait à donner connaissance qu'il avait donné la liberté à la nommée Céleste , mère de Charles et d'Apolline, que trois frères étaient également libérés par lui, les nommés Dalphras, Adolphe et Médouze, demeurant tous à la Grande-Anse, sur les hauteurs de l'habitation Dugué; qu'Alexandre ne pouvait que se retirer là, que le même Delphrase avait trouvé moyen de soustraire à la justice la nommée Adée, sa sœur, frappée d'un mandat d'amener, et qu'il avait facilité son évasion pour la Dominique avec le nommé Stanislas, où ils résident actuellement.

Après avoir engagé le sieur Monrosier à ne faire ressentir en aucune manière sur les esclaves Charles et Apolline l'aversion qu'il portait à leurs parents libres, que les fautes étaient personnelles, et de s'adresser à la justice s'il avait à se plaindre d'eux ;

Ayant cessé nos investigations, nous nous sommes, en conséquence, retires.

De tout quoi nous avons rédigé le présent pour être adressé à M. le procureur du roi de Saint-Pierre, et avons signé.

JOHNNÈS. TRIBOUILLARD. SCHENCK.

Nota. Ces esclaves ne peuvent parler avec liberté. (Voy. note sur le rapport qui suit, relatif au nègre Petit-Colas.

N° 57.

L'an mil huit cent quarante-cinq, le samedi vingt-un juin, à huit heures du matin, au parquet, est comparu le sieur Lalung Sainte-Hélène père, propriétaire, demeurant en la commune du Lamentin, lequel nous a fait la déposition suivante :

Il se passe sur l'habitation Saint-Prix, sise commune du Lamentin, près de la route, des faits que j'ai cru de mon devoir de vous signaler. M. Garnier Saint-Prix père, tuteur des mineurs Chavirac, a fait transporter sur son habitation tous les nègres et bestiaux appartenant à ces mineurs : ces esclaves sont maltraités ; aussi sept d'entre eux sont en ce moment marrons ; on peut dire qu'ils manquent de nourriture, et ceux qui sont encore sur l'habitation sont tous malades par suite du défaut de nourriture. Un nommé Petit-Colas avait fui comme les autres ; après trois jours de marronnage, il fut arrêté par le sieur Montgaillard et renvoyé sur l'habitation Garnier ; là il fut battu avec une rigoise, mis aux fers, et le lendemain ou surlendemain on lui donna un quatre-piquets ; quand il reçût le châtiment, on voulut lui donner un peu de rhum pour le remettre, mais il expira sur-le-champ. Un autre esclave, nommé Edouard, porte aux deux pieds une chaîne. La mort de Petit-Colas est arrivée cette semaine.

Lecture faite au sieur Lalung Sainte-Hélène de sa déclaration, il a dit qu'elle était exacte et l'a signée avec nous.

Signé : LALUNG SAINTE-HÉLÈNE, ADAM.
Procureur du Roi.

Pour copie conforme à l'original :

Le Chef d'escadron de gendarmerie,
FRANCE.

N° 58.

Fort-Royal, le 22 juin 1845.

A MONSIEUR FRANCE, CHEF D'ESCADRON COMMANDANT LA GENDARMERIE DE LA MARTINIQUE.

Mon Commandant,

J'ai l'honneur de vous rendre compte que d'après une plainte portée à M. le procureur du roi de l'arrondissement du Fort-Royal contre le sieur Saint-Prix Garnier, habitant de la commune du Lamentin, ce magistrat m'invita hier à me rendre sur les lieux, pour prendre des renseignements positifs sur les faits énoncés qui, en somme, faisaient connaître que le sieur Garnier père, tuteur des mineurs Chavirac, avait fait transporter sur son habitation tous les nègres et bestiaux appartenant à ces mineurs, que les esclaves étaient maltraités, que sept d'entre eux sont marrons, *que tous manquent de nourriture,* qu'un nommé Edouard *porte une chaîne aux deux pieds,* et qu'un autre, nommé Petit-Colas, *est mort ces jours derniers par suite d'un châtiment excessif.*

A midi, je partis du Fort-Royal pour remplir cette mission, à quatre heures je fus de retour, et à cinq je remis mon information sommaire à M. le procureur du roi qui, après en avoir pris connaissance, décida que le lendemain il se transporterait sur l'habitation Garnier avec le chirurgien aux rapports, un gendarme et moi ; en effet, ce matin, vers les six heures, nous sommes arrivés sur cette propriété, et un instant après, l'exhumation de Petit-Colas a eu lieu; l'autopsie a été faite, mais on n'a remarqué à l'extérieur aucune lésion qui ait pu occasionner la mort, et M. Reynier a déclaré que la pâleur des viscères dénotait une maladie de langueur.

Cette opération étant terminé, M. le procureur du roi a interrogé plusieurs esclaves appartenant aux héritiers Chavirac et à l'habitation Garnier; tous ont répondu dans le même sens et à peu près en ces termes :

« Madame avait le plus grand soin de Petit-Colas, mais aussitôt que ce nègre allait un peu bien, il partait marron, et ne rentrait que dans un état pitoyable, parce que, pendant son marronnage, il mangeait de la terre, des mangots, des bananes, des fruits qui ne convenaient pas à sa maladie (mal d'estomac); la dernière fois qu'il partit, il y a environ un mois, il était si chétif et si souffrant lorsqu'il fut arrêté, au bout de quinze jours, sur l'habitation l'Hôtel des Plaisirs, gérée par M. Montgaillard de Percin, que ce monsieur fut obligé de l'envoyer ici sur un mulet; à son arrivée, on le mit à l'hôpital; deux jours après (10 de ce mois), l'économe, le sieur Lahaye, le conduisit au travail, et chemin faisant, il lui donna quatre ou cinq coups de rigoise, en lui disant : Animal! si tu valais la peine d'être battu, je te battrais, mais tu n'en vaux pas la peine. » Le 12, vers les onze heures du matin, l'économe fit distribuer une bouteille de rhum à l'atelier qui fouillait une pièce de cannes; Petit Colas, qui travaillait avec nous, réclama sa part, la but, s'enivra et se coucha; à midi, l'économe lui donna cinq ou six coups de rigoise pour le faire lever, mais il ne put y réussir, et force fut de le mettre sur un mulet pour le ramener à l'hôpital, où il mourut le lendemain matin à quatre heures. »

Voilà, mon commandant, l'histoire de Petit-Colas. Dieu seul, désormais, connaîtra les véritables causes de sa mort; tant qu'aux mauvais traitements et au manque de nourriture, tous les noirs ont répondu qu'ils n'avaient pas à se plaindre, que la nourriture était assez saine et abondante, et que les châtiments n'étaient pas trop sévères ; néanmoins, les nègres Adonis et Edouard et la négresse Rosélia étaient à la chaîne, les deux premiers depuis plus de trois mois, la dernière depuis quelque temps ; Adonis pour marronnage, Edouard pour manque de respect à son maître, Rosélia pour vol ; les fers du premier pouvaient peser trois kilos, ceux du second six kilos, et ceux de la troisième quatre.

Enfin, ces trois esclaves ont été entendus par M. le procureur du roi, qui, devant moi, a ordonné au sieur Garnier de les faire déferrer au plus tard d'ici à jeudi prochain.

Je suis avec un profond respect, mon Commandant, votre très-humble, etc.

Le Maréchal-des-logis,
H. Commin.

Nota. Pauvres magistrats qui sont placés entre le droit des maîtres... qui n'a pas de limites..., dit M. Chevreu... et quelquefois par des considérations particulières... quand ils sont créolisés... On n'a pas donné suite à cette affaire !!!

Comment les esclaves auraient-ils pu dire toute la vérité pour s'exposer, eux aussi, à la certitude d'une maladie de langueur ?.....

Après le malheur de souffrir sans remède, toujours, il y en a un plus grand peut-être : c'est d'être forcé de baiser la main qui vous frappe !

N° 59.

Fort-Royal, le 2 avril 1845.

DIRECTION DE L'INTÉRIEUR.

De par le Roi,

Conformément à l'ordonnance sur le service de la gendarmerie, et en vertu de l'article 225, parag. 2 de l'ordonnance du 9 février 1827, nous réquérons Monsieur le Chef d'escadron commandant la gendarmerie, de faire extraire de la prison centrale de cette ville et conduire à bord du bateau français l'*Alpha*, capitaine Fluick, les six esclaves ci-après nommés, condamnés à être renvoyés de la colonie par décision du conseil privé du 4 février 1845.

Savoir :

1° Prosper, à mademoiselle Cécé Frumence.
2° Zamor, à madame Jacquin.
3° Charlery, dit Féfé, à madame Hubert-Desprez.
Martial, à M. de Thoré (il est à Saint-Pierre).
4° Thérasson, à M. Derivry.
5° Anastasie, d°
6° Jean-Philippe, à M. Desgrottes.

Le Directeur de l'Intérieur,
F. FRÉMY.

Note du Chef d'escadron. Les esclaves dont on veut se débarasser comme redoutables sur les habitations, sont d'abord envoyés à madame veuve N...., demeurant près de St-Pierre, parente de M. D...., où M. B..... les fait prendre, pour les vendre à des spéculateurs, qui les conduisent à Porto-Rico (Espagne), où les malheureux compris dans ce réquisitoire ont été vendus.

Fort-Royal, le 5 avril 1844.

FRANCE.

Nota. Voyez sur cette traite déguisée l'interpellation de MM. Ledru-Rollin et Lherbette au ministre de la marine dans la discussion de la loi Mackau, l'année dernière.

Cette violation des ordonnances est la preuve de la déviation des lois envoyées aux colonies : elles n'en trouvent pas la route !

Il n'est pas sûr que le gouverneur ne se permette plus cet abus criant de ses pouvoirs discrétionnaires.

N° 60.

Fort-Royal, le 31 mars 1845.

A MONSIEUR LE CHEF D'ESCADRON COMMANDANT LA GENDARMERIE, A FORT-ROYAL.

Monsieur,

On vient de me faire connaître qu'un complot d'évasion d'esclaves à l'étranger se tramait, et qu'un individu faisant la contrebande d'habitude, s'était chargé de conduire les noirs à Sainte-Lucie, cette semaine. Le projet doit s'effectuer sur la partie du littoral située entre le Diamant et le Marin.

Parmi les noirs qui se proposent de fuir, il en existe plusieurs de la commune du Lamentin et un de celle du Robert ; il convient donc qu'une surveillance active soit exercée sur les embarcations de ces deux communes.

J'ai l'honneur de vous prier, Monsieur, de donner immédiatement les ordres les plus précis aux postes établis dans cette partie de l'île, afin que des mesures soient prises pour réprimer toute tentative d'évasion.

Je vais prévenir la douane et M. le commandant de place, qui a sous ses ordres les canots de ronde.

Agréez, Monsieur, l'assurance de ma considération très-distinguée.

Le Directeur de l'Intérieur.

F. Frémy.

N° 61.

Vauclin, le 7 août 1845.

A MONSIEUR SCHENCK, LIEUTENANT COMMANDANT LA LIEUTENANCE DE GENDARMERIE A LA TRINITÉ.

Mon Lieutenant,

J'ai l'honneur de vous envoyer un procès-verbal de contravention de cinq canots, saisis dans la journée du 5 de ce mois; n'ayant reconnu aucun numéro, ni même le nom de la commune, les ayant trouvés cachés sous des mangles, à diverses places, nous les avons saisis et amenés au bourg de Vauclin, et les avons déposés en lieu de sûreté, vu qu'ils n'étaient réclamés par aucune personne.

Nous avons entendu dire par la clameur publique que quantité d'esclaves avaient intention de partir pour Sainte-Lucie. Ayant eu connaissance de ce fait assez promptement, nous avons loué un canot, ainsi que plusieurs personnes de condition libre, pour nous diriger sur le littoral, à l'effet d'y faire des arrestations à ce sujet. Nous avons parfaitement réussi en parcourant toutes les anses : c'est ce qui a empêché les évasions projetées.

Nous avons fait des dépenses pendant deux jours, en louant un canot et trois personnes libres. J'ai payé le louage du canot, ainsi que les trois personnes citées plus haut, ce qui se monte à la somme de 20 francs.

Je ne réclame pas cette somme, mais je pense que je ne suis pas obligé de faire la guerre à mes dépens.

Je suis avec respect, mon Lieutenant, etc.

GEORGIN.

N° 62.

Fort-Royal, le 20 août 1845.

A MONSIEUR LE COMMANDANT DE LA GENDARMERIE, AU FORT-ROYAL.

Monsieur le Commandant,

M. le baron de L'Horme m'informe que trois noirs appartenant à l'habitation Bellevue de Sainte-Anne, dont la direction lui est confiée, et qui ont été trouvés, il y a six mois, en mer, s'évadant à l'étranger, ont laissé cette propriété dans la nuit du 17 courant, en brisant la salle de police où ils étaient renfermés chaque soir.

Il n'y a pas lieu de penser que ces noirs soient déjà sortis de l'île, bien qu'il suppose que c'est leur intention. Il est porté à croire plutôt qu'ils se sont retirés dans les bois de Sainte-Lucie, pour attendre une occasion favorable d'effectuer leur fuite de la colonie.

Dans cette position, il s'est adressé à l'administration, pour réclamer son assistance, afin de prévenir leur évasion définitive, et parvenir, s'il y a lieu, à les ressaisir.

J'ai l'honneur de vous prier, en conséquence, de donner des instructions particulières aux brigades du Marin et de la rivière Pilote, pour qu'une surveillance active et de tous les moments soit exercée dans ces communes, afin de s'emparer de ces noirs, s'il est possible.

Je joins ici leur signalement.

Agréez, Monsieur le Commandant, etc.

Le Commissaire de la marine, Directeur de l'intérieur par intérim,

E. DE GATIGNY.

N° 63.

Vauclin, le 31 juillet 1845.

A M. SCHENCK, LIEUTENANT COMMANDANT LA GENDARMERIE DE L'ARRONDISSEMENT DE LA TRINITÉ.

Mon Lieutenant,

J'ai l'honneur de vous envoyer deux procès-verbaux en double expédition; le premier est au sujet du sieur Louisi, noyé au Macabout, près du poste d'infanterie. Ils étaient à quatre dans un canot qui conduisait de la chaux pour la construction du pont du Paimart: Louisi seul s'est noyé, vu que leur canot a sombré.

Le second est au sujet d'une évasion de cinq esclaves du Vauclin; le premier est, savoir:

Richard, à la succession Collignon;

Le deuxième, Zami, à M. Boët, notaire;

Le troisième, Jean Mary, à M. Dessormaux;

Le quatrième, Bouquant, à madame de Tascher;

Le cinquième, Saint-Louis, à M. Eloi Hilaire; tous demeurant au Vauclin. M. Eugène de Tascher m'a assuré qu'il existait un vieux débris de canot à son islet de la pointe Grenade, qu'il présumait que ces mêmes nègres lui avaient volé; qu'il l'avait réparé, et qu'ils s'en seraient servis pour faire leur voyage à Sainte-Lucie dans la nuit du 28 au 29. Je n'ai pas écrit à M. notre chef d'escadron, vu qu'il était trop tard lorsqu'on m'a annoncé leur départ. Nous n'avons point eu connaissance de la construction ou réparation de ce canot; il paraît que c'est dans les mangles de ces parages que la réparation s'est faite. Je n'ai vu aucun débris ni aucun copeau.

Je suis avec respect, mon Lieutenant, etc.

GEORGIN.

N° 64.

GENDARMERIE COLONIALE.

Cejourd'hui, trente juillet mil huit cent quarante-cinq, à quatre heures du soir environ,

Nous, Georgin (Jean), brigadier, commandant la brigade du Vauclin, revêtu de notre uniforme.

Certifions avoir entendu dire par la clameur publique que plusieurs nègres de la paroisse du Vauclin étaient partis pour Sainte-Lucie dans la nuit du 28 au 29 de ce mois, savoir :

1° Richard, esclave appartenant à la succession Collignon;

2° Zami, esclave, à M. Boët, notaire au Vauclin;

3° Jean Mary, esclave, à M. Gros Dessormaux;

4° Bouquant, esclave, à madame de Tascher;

5° Saint-Louis, esclave, à M. Eloi Hilaire; tous demeurant au Vauclin.

D'après le dire du public, ils se sont embarqués à l'habitation la Petite-Grenade, à madame de Tascher. M. Eugène nous a déclaré qu'il existait un vieux restant de canot appartenant au sieur Méderic, du Vauclin, sur leurs islets, et qu'il lui avait donné pour le brûler dans son four à chaux. Le vingt-sept, M. Eugène a envoyé des nègres de son habitation pour prendre ce canot pour le brûler; on lui a rendu compte qu'il avait été enlevé, et on n'a pas su où il avait été transporté. Il nous a déclaré que le nègre Richard, pêcheur de son métier, et très-adroit, était venu chez lui, était porteur d'un panier à anse; il y avait environ cinq ou six livres de clous. Il ne lui a pas demandé ce qu'il en voulait faire.

Jean Mary et Bouquant nous ont été déclarés marrons les vingt-neuf et trente; mais les trois autres nous ont été déclarés depuis longtemps.

Nous avons rédigé le présent procès-verbal pour être remis à M. le procureur du roi de l'arrondissement de Fort-Royal, et copie en être adressée à M. le chef d'escadron commandant la gendarmerie de la Martinique, à Fort-Royal.

Fait et clos au Vauclin, les jour, mois et an que dessus.

GEORGIN.

Vu et enregistré au registre de la lieutenance, sous le n° 129.

SCHENCK.

N° 65.

L'an mil huit cent quarante-cinq, le cinq août, nous, Bedout, brigadier de gendarmerie à la résidence de la Rivière-Salée, et Rousseau, gendarme de la résidence de Fort-Royal, commandés par nos chefs de nous rendre sur l'habitation d'Henriville-Duchaxel, commune du Lamentin, à l'effet de prendre des informations sur l'évasion qui avait eu lieu dans la nuit du trois au quatre courant.

Nous nous sommes transportés sur ladite habitation, où, nous étant adressés à MM. d'Henriville-Duchaxel, propriétaire, et Smith, géreur de l'habitation, leur avons demandé s'il était vrai qu'il y avait eu une évasion sur l'habitation.

Ils nous répondirent que oui; que huit esclaves de l'habitation étaient partis dans la nuit du trois au quatre, vers les dix heures du soir, dont les noms suivent · 1° Silvestre, câpre; 2° Elise, sa mère; 3° Scolastique, sœur de Silvestre; 4° Saint-Cyr; 5° Ambroise; 6° Antoine; 7° Laurencin, et 8° Olympe, fille de ladite Scolastique, dite Dédé; tous nègres et négresses, lesquels ont enlevé la pirogue de l'habitation, n° 60, nommée *la Lucie*.

Leur ayant demandé s'ils connaissaient ou s'ils avaient connaissance de la manière que cette pirogue avait été enlevée, attendu qu'elle devait être renfermée et enchaînée dans la case à canots, ils nous répondirent que la clef de la case à canots se trouvait sur une table de la salle où ils se trouvaient, et que le nommé Laurencin était venu dans la salle et s'était emparé de la clef, sans que personne s'en aperçût; que sans doute il était descendu à la case à canots avec ses complices, avait brisé le cadenas (lequel nous avons vu, n'a pu être brisé qu'à l'aide d'un morceau de fer), et avaient refermé la porte et rapporté la clé au même endroit où ils l'avaient prise.

Leur ayant demandé à quelle heure ils s'étaient aperçus de l'évasion de ces nègres,

Ils nous répondirent que vers les deux heures du matin (le quatre), le nègre Dominique, en s'éveillant, s'aperçut que la négresse Scolastique, qui vivait avec lui, manquait ou était disparue de la case avec son enfant, fut prévenir aussitôt le commandeur, qui en rendit en même temps compte.

Leur ayant demandé s'ils n'avaient pas connaissance des motifs qui avaient pu porter ces esclaves à s'évader;

Ils nous répondirent qu'ils ne pouvaient douter aucune chose contre aucun, car tous ces nègres et négresses n'étaient que des jeunes gens, qu'ils ne s'étaient jamais mis dans le cas même de réprimande, et qu'ils pouvaient penser que ce ne pouvait provenir que de conseils des gens libres de Fort-Royal, qui viennent journellement sur l'habitation, qui les avaient ainsi engagés à la fuite.

En foi de quoi, d'après la présente déclaration, nous avons dressé le présent pour être adressé à qui de droit.

Fait et clos à la Rivière-Salée, les jour, mois et an que dessus, et avons signé et joint la déclaration de M. Smith, géreur de ladite habitation.

BEDOUT.

Vu et enregistré par le commandant de la lieutenance, sous le n° 133.

H. COMMIN, Maréchal-des-logis.

N° 66.

Marin, le 11 février 1845.

A MONSIEUR FRANCE, CHEF D'ESCADRON COMMANDANT LA GENDARMERIE, AU FORT-ROYAL.

Mon Commandant,

J'ai l'honneur de vous rendre compte que d'hier au soir à ce matin il a été enlevé du poste militaire du Marin (bourg), à environ 9 mètres du corps-de-garde, un petit canot portant n° 19, de la longueur de 3 mètres, largeur 1 mètre, profondeur 280 millimètres, que l'on suppose avoir servi à favoriser une évasion à Sainte-Lucie. Plusieurs esclaves sont marrons. Hier au soir, vers neuf heures et demie, M. Watblé, préposé du trésorier au Marin, est venu porter à ma connaissance qu'étant déjà couché, il a été réveillé par une vieille servante, qui lui dit de se lever, car ses esclaves, Eugène, de dix-sept ans, et Volny, de douze ans, venaient de sortir de sa cour par le moyen de deux barreaux qu'ils avaient soulevés à la grille, et qu'elle avait entendu quelqu'un leur parler du dehors, disant de se dépêcher. Ils ont emporté une petite cassette et un petit panier renfermant tous leurs effets. M. Watblé a été à bord de la goëlette *la Dorée,* mouillée dans la baie du Marin, donner avis de ses craintes au commandant pour une évasion ; et nous en avons instruit M. le capitaine de la compagnie, qui a fait de son côté une ronde en mer, et prévenu les postes du littoral. De mon côté, toute la nuit j'ai fait faire des patrouilles ; elles n'ont recueilli aucun renseignement. J'ai fait faire ce matin une tournée dans les communes de Sainte-Anne et du Marin, et il n'a été déclaré absent d'hier qu'Eugène et Volny, à M. Watblé ; Fany, à M. Povée, et le jeune nègre libre Benoît, demeurant sous les auspices de M. Giffard, pharmacien au Marin, que l'on suppose partis avec ce canot. Il manque d'autres nègres, mais ils sont marrons depuis longtemps.

Le maire du Marin a requis le bateau *l'Elisa,* à M. Imbert, avec un piquet d'infanterie, qui vont partir dans le canal.

J'ai l'honneur d'être avec respect, mon Commandant, etc. Victor CETTO.

N° 67.

Saint-Pierre, le 22 novembre.

Mon Commandant,

J'ai l'honneur de vous adresser un procès-verbal, constatant une évasion d'esclaves, avec enlèvement du canot n° 94. Les nommés Charlery et Augustin, esclaves de M. Canéza de Saint-Pierre, Louisia et Zacharine, esclaves du sieur Hamblard, demeurant à l'anse des Galets, commune du Prêcheur. Le canot appartient au sieur Hamblard; ces esclaves étaient venus hier 21 à Saint-Pierre, pour y apporter des vivres d'habitations, et n'ont plus reparu chez leurs maîtres.

Je suis avec respect, mon Commandant, etc.

Le Lieutenant de gendarmerie,

ISNARD.

N° 68.

Fort-Royal, le 13 novembre 1844.

A MONSIEUR LE CHEF D'ESCADRON DE GENDARMERIE, AU FORT-ROYAL.

Monsieur le Chef d'escadron,

M. Saint-Palay, propriétaire d'une habitation située près de l'anse Mathurin (commune du Sud) vient de m'informer que vingt-sept de ses noirs ont abandonné sa propriété, dans la nuit du 11 de ce mois, sans qu'il puisse savoir où ils se sont retirés.

Il présume que ces esclaves doivent se trouver encore sur des habitations des Anses-d'Arlets et du Diamant, et craint qu'il ne mettent à exécution un projet d'évasion à l'étranger.

J'ai l'honneur de vous prier, Monsieur le chef d'escadron, de vouloir bien donner des ordres aux brigades de gendarmerie et aux postes de chasseurs de montagnes, établis dans cette partie de l'île, pour que des recherches soient effectuées, à l'effet de réprimer un désordre qui ne peut qu'être d'un exemple déplorable.

Agréez, Monsieur le chef d'escadron, l'assurance de ma considération très-distinguée,

Le Directeur de l'intérieur,
F. Frémy.

Nota. Le style est l'homme, comme on a dit ici ; quel homme, d'après un tel style! Oh! mon Dieu, qu'il est bien plus déplorable de voir un administrateur, qui n'est pas même l'organe de la justice légale, dire de pareilles énormités! Quel casuiste! qu'aurait-il dit des évasions de prisonniers français des pontons anglais! il a donc oublié que la traite est le plus grand crime, dit l'ordonnance... parce qu'elle contient tous les autres... mais au moins l'esclavage, qui n'est que la continuation, l'effet immédiat de la traite! quelle logique, quelle morale, quand on a passé le tropique!

N° 69.

Fort-Royal, le 23 juillet 1845.

A MONSIEUR FRANCE, CHEF D'ESCADRON COMMANDANT LA GENDARMERIE DE LA MARTINIQUE.

Mon Commandant,

J'ai l'honneur de vous rendre compte que dimanche dernier, 20 de ce mois, jour de la fête patronale de la commune des Anses-d'Arlets, deux esclaves nommés Rémy et Gros-Jean, appartenant aux sieurs Montout et Louis Placide, de la même commune (Anses-d'Arlets), se rendirent chez plusieurs personnes, pour demander à emprunter, au nom du sieur Montout, un canot pour aller à pêche ; toutes refusèrent, mais à force de marcher et de demander, le sieur Charlery, à qui ils s'adressèrent en dernier lieu, leur en donna un.

Aussitôt que ces esclaves furent possesseurs de cette embarcation, ils la mirent tranquillement à la mer, se dirigèrent au large et ne reparurent plus. (On croit généralement qu'ils sont partis pour les colonies étrangères.)

Je suis avec respect, mon Commandant, etc.

Le Maréchal-des-logis,

H. Commin.

N° 70.

Marin, le 6 août 1845.

A MONSIEUR FRANCE, CHEF D'ESCADRON COMMANDANT LA GENDARMERIE DE LA MARTINIQUE, AU FORT-ROYAL.

Mon Commandant,

J'ai l'honneur de vous rendre compte que M. le capitaine commandant la compagnie d'infanterie au Marin, m'avait communiqué, le 15 du courant, une lettre de M. le directeur de l'administration intérieure, qui annonçait à M. le maire l'enlèvement d'un canot, dans la journée du 4 du courant, au Lamentin, de l'habitation d'Henriville Duchaxel, et que ce canot aurait servi au transport à l'étranger de sept esclaves de la colonie.

J'ai fait faire des tournées sur le littoral de mon arrondissement ; aucun esclave ne manque de ce jour ; aucun résultat n'a été obtenu ; ce matin, la goëlette la *Levrette* et le capitaine de la compagnie qui avaient tenu la mer, m'ont donné avis, en me remettant leurs dépêches, que j'envoie par la même voie que celle-ci, qu'ils avaient eu avis à Sainte-Lucie, sans mouiller, mais par le colloque qu'ils ont eu avec des pêcheurs auxquels ils ont acheté du poisson après les avoir fait accoster, que, lundi matin, un canot porteur d'une dizaine d'esclaves qu'ils ont pu juger être sept du sexe masculin, et trois du sexe féminin.

Les renseignements que je vous donne sont très-vagues.

J'ai l'honneur d'être avec respect., mon Commandant, etc.

VICTOR CETTO.

N° 71.

Fort-Royal, le 14 août 1845.

A MONSIEUR FRANCE, CHEF D'ESCADRON COMMANDANT LA GENDARMERIE DE LA MARTINIQUE.

Mon Commandant,

J'ai l'honneur de vous rendre compte qu'un cadavre, reconnu pour être celui de la nommée Cora, esclave du sieur Lalung Bonnaire, demeurant sur les hauteurs du Fort-Bourbon, commune de Fort-Royal, a été trouvé hier, en pleine putréfaction, dans la savane de l'habitation l'Hermitage, de la même commune.

Ce matin, vers les quatre heures, M. le commissaire

de police de la ville est venu me prévenir qu'hier au soir, vers les neuf heures, huit ou dix esclaves de l'habitation la Poterie, appartenant au sieur Henriville Duchaxel, de la commune du Fort-Royal, se sont évadés de la colonie, en enlevant le plus beau canot de l'habitation.

Il paraît qu'une négresse s'est introduite hier au soir dans la chambre de l'économe, où se trouvaient les clefs des embarcations, et qu'elle les a prises.

Je suis avec un profond respect, mon Commandant, etc.

Le Maréchal-des-logis commandant la lieutenance.

H. Commin.

N° 72.

Fort-Royal, le 11 mars 1845.

GENDARMERIE DE LA MARTINIQUE.

Dans la nuit du 9 au 10 de ce mois, les nommés Maximin, Toussaint et Saint-Ile, esclaves du sieur Chauvet, habitant de la commune des Trois-Ilets, se sont évadés, en enlevant le canot du sieur Edam, de la commune des Anses-d'Arlets, qui depuis quelques mois stationnait au bourg des Trois-Ilets.

Le Maréchal-des-logis commandant la lieutenance,

H. Commin.

N° 73.

Saint-Esprit, le 12 mars 1845.

A MONSIEUR COMMIN, MARÉCHAL-DES-LOGIS COMMANDANT LA LIEUTENANCE DE LA GENDARMERIE AU FORT-ROYAL.

Mon Maréchal-des-logis,

Nous avons trouvé sur l'habitation de madame Rivail, du Trou-au-Chat, un de ses nègres nommé Constantin, qui a un gros fer rond au pied, auquel est attaché une grosse chaîne, qu'il tient pendue aux reins avec une corde; il nous a déclaré avoir ceci au pied depuis plus de trois ans; cela d'après ce qu'il nous a dit, c'est pour cause de marronnage, d'après ce qu'il dit très-longtemps.

J'ai l'honneur d'être avec respect, mon Maréchal-des-logis,

Le Brigadier,
HENRY.

N° 74.

Fort-Royal, le 3 avril 1845.

A MONSIEUR FRANCE, CHEF D'ESCADRON COMMANDANT LA GENDARMERIE DE LA MARTINIQUE, EN TOURNÉE AU VAUCLIN.

Mon Commandant,

M. le directeur de l'intérieur vous a écrit qu'une évasion considérable d'esclaves devait avoir lieu entre le Marin et le Diamant.

Ce matin à quatre heures, en vertu d'un réquisitoire de M. le directeur de l'intérieur, la gendarmerie du Fort-Royal a conduit à bord du bateau français l'*Alpha,* six esclaves condamnés administrativement à la déportation.

J'ai l'honneur d'être avec un profond respect, mon Commandant, etc.

Le Maréchal-des-logis commandant la lieutenance,

H. Commin.

N° 75.

NOTE COMMUNIQUÉE.

Certains faits répugnent trop à l'humanité, pour hésiter d'en aviser les magistrats chargés par la société de les réprimer. Depuis quelques jours, la commune du Prêcheur est vivement émue de scènes nocturnes d'un genre bien repoussant. Chaque nuit le sieur Lechevalier, sans doute pour envoyer à la recherche de ses nègres marrons, fait traverser la nuit toutes les habitations de la commune du Prêcheur, par plusieurs de ses esclaves enchaînés depuis les pieds jusqu'à la tête, escortés par la gendarmerie royale et par plusieurs autres agents ; ce n'est qu'au jour que toute la troupe est de retour à l'habitation ; là, sans avoir égard au temps et au sommeil perdus, ces mêmes esclaves retombent au travail sous le fouet du commandeur, et toujours chargés de fers ; la nuit, toujours ces mêmes fers, d'un poids et d'un genre extraordinaires, plutôt propres à amarrer des navires que des esclaves.

QUATRIÈME SÉRIE.

SUICIDES.

Le grand nombre de suicides qui ont lieu chaque année prouvent jusqu'à l'évidence, et contrairement à ce que disent les délégués salariés, qui mentent à leur conscience en vantant sans cesse le bien-être des esclaves, puisque, dans l'espace de quelques mois seulement, qui ont précédé mon départ de la Martinique, seize de ces morts violentes, qui sont venues à la connaissance de la gendarmerie, ont été constatées par des rapports ou des procès-verbaux, savoir :

N° 76.

Le 4 février 1845, le cadavre de la nommée Modestine, esclave de la dame Moras, du Morne-Rouge, a été trouvé par la gendarmerie.

N° 77.

Le 9 mars, l'esclave Sainville, de l'habitation Thoré, du Vauclin, appartenant à M. Morel, procureur-général, s'est suicidé en se précipitant dans la rivière voisine de cette habitation.

N° 78.

Le 12 avril, le corps de Cyrille, esclave du sieur Deshauteurs, de la commune du Prêcheur, a été trouvé gisant près de la rivière de ce lieu.

N° 79.

Le 18 avril, l'esclave Joseph Lami s'est suicidé au moyen de strangulation.

N° 80.

Le 18 mai, la négresse Marianne, âgée de dix-sept ans, appartenant au sieur Fél. Délandes, de la commune de la Rivière-Salée, s'est étranglée au moyen d'un cordon de sa jupe.

N° 81.

Le 3 juin, l'esclave Jean-Louis, âgé de vingt ans, de l'habitation de M. Dumas, du Vauclin, s'est pendu dans sa case.

N° 82.

Le 9 juin, on avait lieu de supposer, d'après les renseignements qui me sont parvenus, que l'esclave Magalon, âgé de trente-cinq ans, appartenant au sieur Santini, de Fort-Royal, qui était parti le 11 novembre 1844, en annonçant à ses enfants le dessein d'en finir avec la vie, avait réalisé son sinistre projet.

N° 83.

GENDARMERIE DE LA MARTINIQUE.

Cejourd'hui treize juillet mil huit cent quarante-cinq, vers huit heures du matin environ,

Nous, Bouchot (Pierre), et Kœnig (Jean), tous deux gendarmes à la brigade de Case-Pilote, certifions que, d'après la clameur publique, nons avons entendu dire qu'une négresse nommée Fanny, appartenant aux demoiselles Fayotte, habitation du Fond-Layette, s'était pendue. Aussitôt nous nous sommes transportés sur les lieux, revêtus de notre uniforme; nous avons pris les informations suivantes :

Arrivés dans la case de ladite Fanny, nous l'avons trouvée à terre, couchée; la demoiselle Fayotte nous ayant donné les renseignements suivants :

Cette négresse depuis longtemps volait des poules à la négresse Hermine. Cette négresse porta plainte à sa maîtresse; elle promit un châtiment à la négresse Fanny, contre laquelle la plainte était portée. Hier, onze du courant, vers neuf heures du soir, un nègre de ladite habitation allant voir la nommée Fanny, a trouvé la porte de sa case fermée ; il donna plusieurs coups pour ouvrir, et parvint, après plusieurs coups, par l'ouvrir. Arrivé dans la case, il trouve un morceau de bois à barricader la porte, et ne trouve pas la négresse. Il fut chercher de la lumière, et vit la négresse couchée à terre, la corde au cou, et cassée. Elle avait ôté deux planches de son lit, mis un banc sur ces planches, avait attaché la corde après un chevron de la case (cette corde avait à peu près un mètre de longueur); cette corde, trop faible, casse, et la négresse tombe étranglée. Un de ses pieds (le pied droit), était pris entre le mur et le bois du lit. Elle était vêtue d'une robe en guingan, d'une chemise de toile, et un mouchoir blanc à la tête.

De tout quoi nous avons rédigé le présent procès-verbal, pour servir et valoir ce que de droit.

Fait et clos à Case-Pilote, les jour, mois et an que dessus, et avons signé,

BOUCHOT. KOENIG.

Signalement : Agée d'environ vingt-cinq ans ; taille d'un mètre cinq cents millimètres ; front ordinaire, nez épaté, cheveux crépus, lèvre inférieure grosse, menton rond, teint noir.

Vu : le Maire,

LEPELLETIER DE SAINT-REMY.

Vu et enregistré par le Lieutenant, sous le n° 85.

ISNARD.

N° 84.

L'an mil huit cent quarante-cinq, et le trois du mois de juin, vers les trois heures de relevée,

Nous, Joyaux (Auguste), et Gousse (Andevanne), tous deux gendarmes à la résidence du Gros-Morne, certifions qu'ayant appris par la voie de M. Belant, secrétaire de la Mairie, que la négresse Appoline, appartenant à M. Minhuit Camille, demeurant hauteur du Gros-Morne, s'est noyée dans la rivière Lézarde, près l'habitation de son maître, nous être transportés sur les lieux, assistés de M. le maire. Arrivés près d'un bassin de quinze pieds de long, sur vingt pieds de large, nous vîmes le cadavre d'une négresse paraissant âgée de quinze ans environ, que l'on avait retiré de la rivière et déposé sur l'un de es bords. Examen fait du cadavre, aucune trace de violence ne se faisait remarquer sur son corps. Toutes les personnes présentes se sont accordées à dire, et notamment M. le maire, M. Minhuit Camille, son maître, et MM. Lanlemant et Louis, que cette jeune fille s'était donné la mort volontairement. Nous demandâmes à M. Minhuit Camille à quoi il pouvait attribuer un pareil désespoir; il nous dit que cette négresse, dont le seul travail était de vendre du poisson, en avait vendu à crédit pour une somme de six francs, que sa maîtresse lui en fit des reproches, lui disant qu'elle la ferait châtier si elle ne recouvrait pas cet argent, et que vendredi dernier la négresse avait disparu. La croyant marronne, ils la firent chercher aux environs, et ce matin ils trouvèrent son cadavre dans le bassin ci-dessus mentionné.

Vu que le cadavre était en putréfaction, M. le maire donna ordre de l'enterrer de suite, et, nous présents, il le fut sur la propriété de M. Minhuit Camille, son maître.

En foi de quoi nous avons rédigé le présent procès-verbal, dont l'original sera remis à M. le procureur du roi, et une copie à M. le chef d'escadron commandant la gendarmerie de la Martinique, pour servir et valoir ce que de droit.

Fait et clos au Gros-Morne, les jour, mois et an que dessus, et avons signé. GOUSSE. JOYAUX.

Vu, enregistré sous le n° 95.

Le Lieutenant,
SCHENCK.

N° 85.

L'an mil huit cent quarante-cinq, et le neuf du mois d'août, vers les sept heures du matin,

Nous, soussignés, Gatimel (Charles), brigadier, et Morlet (Pierre-Julien), gendarme, tous deux à la résidence de Sainte-Marie, revêtus de notre uniforme.

Certifions qu'ayant appris par M. Littée, maire de la commune, qu'un esclave détenu à la maison de sûreté du Bourg, s'est suicidé cette nuit, nous nous sommes transportés immédiatement sur les lieux avec ce magistrat, et avons trouvé un cadavre du sexe masculin, pendu avec une corde qu'il avait faite avec des lambeaux de sa chemise; cette corde était attachée à un chevron de la couverture, à environ un mètre huit cents millimètres du plancher. Il avait les deux jambes attachées avec deux anneaux en fer, tenus par une forte barre. Ses genoux posaient, pour ainsi dire, à terre; il n'avait aucune contusion sur le corps.

Le sieur Henri Dubloc, commis à la police, nous a déclaré que ce nègre avait été arrêté marron le cinq du courant, sur l'habitation Montrose, par le sieur Chatelin fils, habitant de la commune, et qu'il avait déclaré se nommer Frédéric, et appartenir à M. Marraud, habitant de la Grande-Anse, et qu'après avoir donné connaissance à ce dernier de l'arrestation, il avait répondu que ce nommé Frédéric ne lui appartenait plus, qu'il l'avait vendu à M. Lilette Ruire, géreur de l'habitation Latouche, à la Basse-Pointe. Il nous a déclaré en outre que ce même esclave avait été arrêté marron il y a environ quinze mois, et qu'étant détenu dans ce même lieu, il avait cherché une première fois, et par le même moyen, à se détruire, et que, si un prompt secours ne lui était point survenu, il aurait effectué son projet, attendu que la strangulation était déjà manifeste.

M. le maire ayant requis M. Lapeyre, médecin, pour constater l'état du cadavre, celui-ci se trouvant absent, il a ordonné l'inhumation, qui a eu lieu vers les cinq heures du soir, en notre présence.

De tout ce que dessus nous avons dressé le présent procès-verbal, pour être envoyé à M. le procureur du roi, et copie adressée à M. le chef d'escadron commandant la compagnie de gendarmerie de la Martinique.

Fait et clos à Sainte-Marie, les jour, mois et an que dessus, et avons signé.

GATIMEL. MORLET.

Vu et enregistré à la Lieutenance, sous le n° 146.

Le Lieutenant, SCHENCK.

N° 86.

L'an mil huit cent quarante-cinq, et le dix-huit du mois de juin, vers midi.

Nous, soussignés, Pluvinage (Pierre), brigadier de gendarmerie, et Sadou (Joseph), gendarme, tous deux en résidence au François.

Certifions qu'ayant reçu une lettre de M. de la Garrigue, géreur de l'habitation Fontanne, située au François, transmise au brigadier Pluvinage par M. le maire de ladite commune, à l'effet de se transporter sur l'habitation Fontanne, pour y prendre des renseignements sur un cadavre trouvé dans une pièce de cannes.

Nous nous sommes transportés sur ladite habitation. Arrivés vers trois heures de relevée, nous avons été conduits par le sieur de la Garrigue fils à environ quinze minutes de l'habitation, où nous avons trouvé une pièce de cannes, qui nous a été déclarée avoir été brûlée la veille pour éviter la morsure des serpents; avons trouvé sur la pente de la pièce de cannes, à environ dix pas du chemin, où se trouve un amandier, les ossements d'un cadavre dénué de toute chair, qui nous a paru, d'après les os des bras et des jambes, être d'une taille ordinaire, que nous avons présumé être du sexe masculin, pour avoir trouvé un bouton en os qui nous a paru avoir été attaché à la ceinture d'un pantalon. M. de la Garrigue fils, économe gérant de ladite habitation, nous a déclaré que son commandeur avait trouvé ce matin lesdits ossements du cadavre, et avait questionné son atelier. Tous ont répondu ne rien connaître, vu que depuis dix-huit mois ils n'avaient travaillé dans cette pièce de cannes. Ayant rendu compte à M. le maire de l'état du cadavre et des renseigements pris, il a ordonné l'inhumation sur les lieux des ossements dudit cadavre, n'étant pas reconnu.

Fait et clos au François, les jour, mois et an que dessus, et avons signé. SADOU. PLUVINAGE.

Vu et enregistré au registre analytique de la Lieutenance, sous le n° 105.

Le Lieutenant,
SCHENCK.

N° 87.

Fort-Royal, le 11 décembre 1844.

A MONSIEUR FRANCE, CHEF D'ESCADRON COMMANDANT LA GENDARMERIE DE LA MARTINIQUE, EN TOURNÉE.

Mon Commandant,

J'ai l'honneur de vous rendre compte que le 7 de ce mois, le cadavre d'un nègre, nommé Février, esclave du sieur Dufougeray, habitant de la commune du Trou-au-Chat, a été trouvé sur la grande route du Gros-Morne au Robert, près de l'habitation Loda.

Ce cadavre était debout, appuyé sur l'escarpe, vêtu d'un pantalon de toile bleue et d'une chemise blanche et propre ; sa tête était enveloppée d'un mouchoir qui lui couvrait la moitié du visage.

La position de l'esclave Février et le linge qui le couvrait font présumer, mon Commandant, qu'il n'est pas mort en cet endroit, mais qu'il y a été porté par quelqu'un des siens.

L'autorité locale et la gendarmerie ont constaté qu'elles n'avaient remarqué aucune trace de violence, mais M. l'abbé Chanteleau, qui était ici hier, m'a dit confidentiellement qu'il allait en parler à M. le procureur-général, pour provoquer une enquête.

L'autorité supérieure a été prévenue.

Je suis avec un profond respect, mon Commandant, etc.

Le Maréchal-des-logis commandant la lieutenance,

H. COMMIN.

N° 88.

GENDARMERIE COLONIALE.

Ce jourd'hui, quinze août mil huit cent quarante-cinq, à deux heures du soir environ.

Nous Georgin (Jean), brigadier, commandant la brigade de gendarmerie du Vauclin, et Beck (Alexandre), gendarme au même lieu, revêtus de notre uniforme.

Certifions avoir été informés par M. Boët, propriétaire au Vauclin, qu'un de ses esclaves, nommé Adolphe, marron depuis huit mois, a été arrêté dans la journée du 14 de ce mois, par M. Pozo, propriétaire au Vauclin, a été ramené chez son maître par ce dernier, a été mis au cep, à la salle de police de cette habitation, n'a reçu aucun châtiment de son maître, au sujet de son marronnage, se trouvait peiné de se voir renfermé, vu que depuis huit mois il faisait ce qu'il voulait ; un de ses camarades nommé Massel, esclave de M. Boët, étant malade, se trouvait dans cette même salle, Adolphe lui demanda une paire de ciseaux pour se suicider, Massel la lui refusa, lui indiqua un autre moyen, il lui dit : Puisque tu as l'intention de te détruire, il y a un petit trou près de toi, à la cloison, où tu trouveras un verre de pauban ; regarde, tu le trouveras ; si tes intentions sont telles que tu le dis, tu pourras te suicider. Adolphe ne perdit pas de temps, regarda dans ce trou, trouva un petit morceau de verre de pauban, essaya aussitôt de se couper le cou avec, se fit une incision de 81 millim., très-profonde, a perdu une grande quantité de sang. Ce fait a eu lieu le 14, à cinq heures et demie du soir, d'après le dire de madame Perriola, sœur de M. Boët, qui était présente; cette dame a envoyé aussitôt chercher M. Remy, médecin, pour pouvoir donner les soins nécessaires à ce nègre; il est arrivé aussitôt, lui a porté tous les soins nécessaires pour pouvoir le soulager ; la blessure n'est pas mortelle, si toutefois Adolphe ne dérange pas sa blessure avec ses mains, vu qu'il a toujours les mêmes intentions. L'on a été obligé de lui amarrer les deux mains avec des cordes, pour qu'il n'ouvre pas la plaie.

Nous avons remarqué que ce nègre n'avait reçu aucun châtiment, lui-même nous l'a avoué, nous a même dit qu'il n'avait pas été maltraité ; nous lui avons demandé quel était le motif qui l'avait porté à vouloir se détruire, il nous répondit qu'il n'avait aucun motif.

Il nous dit en même temps qu'il ne se plaignait pas de son maître, et qu'il ne savait pour quel motif il était parti marron.

Nous avons rédigé le présent procès-verbal, pour être remis à M. le procureur du roi de l'arrondissement, au Fort-Royal, et copie en être adressée hiérarchiquement à M. le chef d'escadron commandant la gendarmerie de la Martinique au Fort-Royal.

Fait et clos au Vauclin, les jours mois et an que dessus et d'autre part.

GEORGIN. BECK.

Vu et enregistré sous le n° 152.

Le Lieutenant,
SCHENCK.

Nota. Le commencement du procès-verbal suppose le contraire ; les faits plus forts que les paroles.

N° 89.

Fort-Royal, le 18 mai 1845.

A MONSIEUR FRANCE, CHEF D'ESCADRON COMMANDANT LA GENDARMERIE DE LA MARTINIQUE.

Mon Commandant,

J'ai l'honneur de vous rendre compte qu'en vertu d'un réquisitoire de M. le procureur du roi, je me suis transporté hier, vers les trois heures de relevée, à la Pointe-du-Bout, accompagné du sieur Reynier, chirurgien aux rapports, à l'effet de constater la mort du nègre Augustin, esclave du sieur Rools de Gourselas, qui, le matin, *s'était pendu à un arbre,* près de l'hôpital militaire cette pointe, commune des Trois-Ilets.

A notre arrivée sur les lieux, et après un sévère examen du cadavre, nous avons remarqué que ce nègre, âgé de soixante ans environ, portait à la partie antérieure du cou, une ancienne cicatrice, qui dénotait que cet esclave avait déjà attenté à ses jours, en cherchant à se couper le cou ; nous avons également remarqué sur ses fesses une dizaine de coups de fouet nouvellement appliqués, et *de nombreuses cicatrices situées tout le long du dos*, dues à des châtiments antérieurs.

En conséquence, mon Commandant, le sieur Reynier et moi avons conclu en notre honneur et conscience, que les coups portés à ce vieillard ne pouvaient point lui donner la mort, mais qu'ils avaient pu occasionner le désespoir qui l'a porté à se détruire.

Je suis avec respect, mon Commandant, etc.

Le Maréchal-des-logis commandant la lieutenance,

H. Commin.

Nota. Celui-là aussi avait été las de vivre ainsi !

N° 90.

GENDARMERIE DE LA MARTINIQUE.

L'an mil huit cent quarante-cinq et le dix-huit août, vers deux heures de l'après-midi, nous Rochaix (Honoré), maréchal-des-logis de gendarmerie, Colle et Parisot, gendarmes, tous de la résidence de la Basse-Pointe,

Certifions que, sur l'avis à nous donné, un cadavre gisait au bord de la mer, vis-à-vis de l'habitation Moulin-l'Étang, nous avons informé M. l'adjoint de la commune de cet événement, lequel a requis M. le docteur Girardon, et nous nous sommes de suite transportés sur les lieux, et en effet nous avons trouvé un tronçon de cadavre déposé depuis peu par la lame, que nous avons reconnu être une femme, à laquelle il manquait la tête, le bras gauche et la cuisse droite. Il ne restait que la moitié du bras droit et une partie de la cuisse gauche. Un peu d'épiderme encore apparent, nous fait penser que ledit cadavre est une négresse, vu l'état de putréfaction dans lequel se trouvait ce débris de cadavre. M. l'adjoint a ordonné l'inhumation sur les lieux, ce qui a eu lieu en notre présence.

En foi de quoi nous avons dressé le présent procès-verbal, pour servir et valoir ce que de droit.

Fait et clos à la Basse-Pointe, les jours mois et an que dessus, et avons signé.

PARISOT. COLLE. ROCHAIX.

Vu et enregistré au registre des procès-verbaux de la Lieutenance sous le n° 105.

Le Maréchal-des-logis chargé du service,

ROCHER.

N° 91.

L'an mil huit cent quarante-cinq et le quinze du mois d'août, à une heure de l'après-midi, nous Tribouillard (Jean-François), maréchal-des-logis, Julaude (Jean-Marie-Désiré) et Pilla (Louis), tous trois gendarmes de la résidence de la Trinité, y demeurant, certifions avoir été avertis, par la clameur publique, qu'un cadavre avait été apporté par les lames, près des boucheries de ce bourg ; nous nous y sommes transportés en toute hâte ; effectivement, nous avons reconnu un cadavre qui était en putréfaction, n'ayant pas de tête, ni bras, les cuisses décharnées ; il avait deux rouleaux l'un à chaque jambe, de plus une chaîne d'un mètre de longueur ; au bout de cette chaîne une petite corde qui sans doute lui servait de ceinture pour supporter la chaîne qu'il avait au pied, ce cadavre fut reconnu par le capitaine Petel, commandant le bateau le *Lora*, appartenant à M. Sarrasson aîné, de Saint-Pierre. Il nous a déclaré que le nommé Alexandre dit Boucan, appartenant à M. Rancé, du François, était à son bord, et que dans la nuit du dix au onze courant, il avait disparu du bord de son bateau le *Lora*; il le croyait parti marron; compte fut rendu à son maître par le capitaine Petel. Le maréchal-des-logis Tribouillard a été de suite prévenir M. le maire et M. le juge de paix. Ce dernier s'est transporté sur les lieux, après avoir reconnu ce cadavre qui était en putréfaction. Il a ordonné au capitaine Petel de faire inhumer, dans un lieu de sépulture, les restes de ce cadavre, après les avoir vus enveloppés dans un morceau de toile à voile et emportés par deux personnes ; nous nous sommes retirés, et avons rédigé le présent procès-verbal pour être envoyé à qui de droit, et copie adressée à M. le chef d'escadron commandant la compagnie de gendarmerie de la Martinique.

Fait et clos à la Trinité, les jour, mois et an que dessus et avons signé.

PILLA. JULAUDE. TRIBOUILLARD

Vu et enregistré sous le n° 154.

Le Lieutenant,
SCHENCK.

Nota. Voilà donc bien des suicides en peu de temps, qui sont parvenus à la connaissance de la gendarmerie. Hélas! il y en a bien d'autres dont elle ignore la triste fin, qui disparaissent dans les habitations isolées, comme au fond des bois ou dans la mer, mangés par les requins!

CINQUIÈME SÉRIE.

N° 91.

Fort-Royal, le 2 janvier 1845.

A MONSIEUR FRANCE, CHEF D'ESCADRON COMMANDANT LA GENDARMERIE DE LA MARTINIQUE.

Mon Commandant,

J'ai l'honneur de vous rendre compte que, conformément à vos ordres, je me suis rendu aujourd'hui, vers les deux heures de l'après-midi, sur l'habitation la Jambette, tant pour remettre au géreur, M. de Gage, une lettre de M. le Directeur de l'intérieur que pour m'assurer de l'état des choses sur cette propriété.

Voici le résultat de mes investigations :

Depuis le 3 décembre dernier, l'habitation la Jambette a perdu trois mulets et un bœuf ; de quelle maladie? on l'ignore , mais le géreur a cru et croit encore qu'il y a poison. Dès lors, il a agi en conséquence et a pensé que le meilleur moyen à employer pour arrêter le mal, était de punir l'atelier en le faisant travailler les jours et heures consacrés à son repos et à son travail particulier ; le samedi a donc été rétiré, une heure de midi à deux a été supprimée, et une heure de huit à neuf heures du soir a été employée à charrier du fumier.

Sur ces entrefaites, est arrivé le premier jour de l'an, jour consacré par l'usage pour les souhaits de bonne année, jour impatiemment attendu par le nègre pour aller voir ses amis et connaissances ; le matin, à l'heure ordinaire, les esclaves se sont réunis pour se rendre au travail, mais avant de partir ils ont demandé à voir leur géreur ; M. de Gage s'est présenté et leur a fait quelques reproches sur leur conduite ; alors d'une voix presque unanime, ils lui ont répondu : « Maître ! vous n'êtes pas content de nous, eh bien ! nous ne le sommes pas non plus de vous. » Après ces mots, ils sont allés au jardin.

A midi, le commandeur est venu rendre compte au géreur que les nègres travaillaient toujours et ne voulaient pas rentrer dans leurs cases, pour y prendre un peu de repos ; M. de Gage s'est transporté sur les lieux, leur a intimé l'ordre, à deux reprises différentes, de se retirer ; ils s'y sont formellement refusés, il les a menacés d'enployer la force (la gendarmerie), ils ont tous répondu : « Envoyez-la chercher, » et, sans se déranger, ils ont continué à travailler jusqu'à la nuit ; à la nuit, ils sont rentrés comme à l'habitude, et ce matin ils sont retournés aux champs sans mot dire; la seule différence qu'il y ait dans leur manière d'être et d'agir, est qu'ils ne cessent de chanter, ce qui est chez eux un signe d'un certain mécontentement.

Maintenant, mon Commandant, y a-t-il poison? y a-t-il épizootie? Ces deux questions sont difficiles à résoudre, mais pour être à même d'éclairer votre religion et celle de l'autorité, j'ai dû prendre des renseignements sur les propriétés qui avoisinent, ou pour mieux dire, qui entourent la Jambette, et j'ai su que, depuis peu, l'habitation Lacalle a perdu un mulet, l'habitation Digagne cinq bœufs, et l'habitation Northum de Percin plusieurs mulets. Non content de cela, j'ai vu M. Northum, habitant connu par sa longue expérience, qui m'a dit : « Comme mes voisins, j'ai éprouvé et j'éprouve encore des pertes d'animaux, mais je suis sûr qu'il y a épizootie ; je m'en suis convaincu par les nombreuses autopsies qui ont été faites en ma présence ; une preuve de ce que j'avance est que j'ai eu le bonheur d'en sauver plusieurs, en leur faisant prendre des bains froids, et un bain froid n'est pas un contre-poison. » Certes, mon Commandant, l'opinion d'un habitant tel que M. de Percin, qui jouit à juste titre de la considération publique, doit, je crois, être d'un grand poids dans l'affaire dont il s'agit.

Ensuite, les mulets morts sur les habitations la Jambette et Percin, sont des mulets débarqués depuis peu ; et pourquoi n'admettrait-on pas que ces animaux, qui viennent d'Europe, sont susceptibles de contracter des maladies contagieuses, puisqu'il est prouvé que les hommes nouvellement arrivés aux colonies sont plus exposés à la fièvre jaune que ceux qui y sont depuis quelques années.

Enfin, mon Commandant, je prendrai la liberté de terminer ce rapport en faisant connaître que, si l'atelier de la Jambette est puni injustement, il peut se porter à des actes qui feront regretter les mesures prises contre lui, parce que les excès ont toujours occasionné les révoltes, et que les révoltes ont toujours occasionné les crimes.

J'ai l'honneur d'être avec un profond respect, mon Commandant, etc.

Le Maréchal-des-logis commandant la lieutenance,

H. Commin.

Nota. En France, la chanson est une soupape de sûreté. Là, c'est le rire du désespoir... le calme précurseur de la tempête... A coté de la maxime : diviser pour régner (par la solidarité des préventions et des châtiments), il y a l'association des haines... et la lutte collective de la résistance par force d'inertie...

N° 92.

GENDARMERIE COLONIALE.

Cejourd'hui trois août mil huit cent quarante-cinq, à deux heures environ,

Nous, Portefin (Antoine-Denis), gendarme à la résidence du Vauclin, revêtu de notre uniforme; vu l'absence du brigadier Georgin, en service,

Certifions avoir été requis par M. de Corn, propriétaire au Vauclin, à l'effet de me transporter sur son habitation, où je me suis rendu aussitôt. A mon arrivée sur ladite habitation, M. de Corn me fit la déclaration qu'il venait de perdre deux bœufs de cabrouet dans peu de temps; le premier est mort le vingt-six juillet dernier, et le second le deux de ce mois, étant attelé au cabrouet; il nous fit la déclaration qu'il présumait que ces deux bœufs étaient morts par suite du poison; il nous dit ensuite qu'il soupçonnait le sieur Jean-François, de condition libre, demeurant à la montagne du Vauclin; ce dernier a vécu plusieurs années avec une nommée Félicité, esclave de cette habitation, a eu plusieurs enfants avec elle. M. de Corn me dit qu'il avait fait châtier le nommé Valcin, son esclave, fils de Jean-François, c'est ce qui porte ce dernier à détruire les animaux de M. de Corn. A différentes fois, le sieur Jean-François dit la Source a été insulter M. de Corn chez lui; il a été obligé de le mettre à la porte et même de le chasser de son habitation; c'est ce qui lui donne ces soupçons.

Nous avons rédigé le présent procès-verbal pour être remis à M. le procureur du roi de l'arrondissement du Fort-Royal, et copie en être adressée hierarchiquement à M. le chef d'escadron commandant la compagnie de gendarmerie au Fort-Royal.

Fait et clos au Vauclin, les jour, mois et an que dessus.

PORTEFIN.

Vu et enregistré à la lieutenance, sous le n° 141.

Le Lieutenant,

SCHENCK.

Nota. Voilà une théorie des soupçons appliquée d'abord au fait et puis à la cause, après de telles présomptions!

N° 93.

Saint-Esprit, le 27 février 1845.

RAPPORT DES BRIGADES DU 26 AU 27 FÉVRIER 1845.

Le brigadier Henry rend compte que le dimanche, 23, vers les quatre heures et demie du soir, une négresse, nommée Thérèse, esclave du sieur Huygues Dérivery, habitant de la commune du Trou-au-Chat, s'est présentée à leur quartier avec un collier de fer au cou ; ce collier étant entortillé dans un mouchoir blanc, le brigadier n'a pu s'assurer de son poids et de son épaisseur, et a en outre oublié de demander à cette esclave, pourquoi son maître le lui avait mis. Mais ce n'est sans doute pas, sans de graves motifs, que cette femme a fait cette démarche.

Le maréchal-des-logis, commandant la lieutenance,

H. Commin.

N° 94.

Fort-Royal, le 26 octobre 1844.

RAPPORT DU 25 AU 26 OCTOBRE 1844.

En vertu d'un réquisitoire de M. le directeur de l'intérieur, en date du 23 ce mois, les gendarmes Berthelot et Bigorgne conduisent au Lamentin, sur l'habitation de son maître, dite l'Espérance, la nommée Elise, esclave du sieur Georges Despointes.

Elise, femme déjà âgée, remplissait depuis longtemps les fonctions d'hospitalière sur l'habitation l'Espérance, lorsque cette propriété vint à éprouver des pertes d'animaux ; M. Despointes crut aussitôt au poison, soupçonna Elise, la fit arrêter, mettre en prison, et conduire à Saint-Pierre à la disposition de M. le Procureur du roi ; mais ce magistrat ne l'ayant pas reconnue coupable, M. le directeur l'a fait reconduire chez maître.

N° 95.

En vertu d'un réquitoire de M. le Procureur du roi, en date d'hier, les mêmes gendarmes conduisent ce matin au Lamentin, pour de là être dirigé de brigade en brigade sur l'habitation du sieur Gilles au Saint-Esprit, l'esclave Sainte-Rose.

Sainte-Rose, jeune nègre de dix-huit à vingt ans, reçut le 6 de ce mois un châtiment excessif; il se sauva, et vint directement au Fort-Royal porter plainte à M. le Procureur du roi; ce magistrat le fit mettre à la geôle à sa disposition, mais n'ayant sans doute pas trouvé matière à poursuivre, il le fait reconduire aujourd'hui sur l'habitation de son maître.

Le Maréchal-des-logis, commandant la lieutenance,
H. Commin.

N° 96.

Rivière-Pilote, le 22 mai 1845.

RAPPORT DES BRIGADES EXTERNES DU 21 AU 22 MAI 1845.

Le gendarme Delépée me rend compte qu'un nègre, atteint de la lèpre, nommé Elisée, esclave du sieur Martin, agent d'affaires au Fort-Royal, s'est retiré au Morne de la Régale, sous un ajoupa, où il ne vit que d'aumônes.

Il me rend compte également qu'il en a informé M. le maire de la commune, qui lui a promis d'en écrire à M. le Directeur de l'intérieur, à l'effet d'avoir une décision pour faire transporter cet esclave au Fort-Royal, attendu qu'il ne peut marcher.

Le Maréchal-des-logis commandant la lieutenance,
H. Commin.

Nota. Il y en bien d'autres! même dans les 42,000 affranchissements dont parle M. Dupin (session 1845).

SIXIÈME SÉRIE.

N° 97.

Fort-Royal, le 31 juin 1845.

A MONSIEUR LE PROCUREUR GÉNÉRAL, AU FORT-ROYAL.

Monsieur le Procureur général,

La nommée Polixène, esclave du sieur Rampon Sainte-Claire, habitant la commune de la Rivière-Salée, vient de se présenter chez moi pour se plaindre des traitements barbares, dont elle est journellement l'objet de la part de son maître. Cette pauvre femme, dont les fesses sont sillonnées et déchirées de coups de fouet, m'a déclaré que son maître lui avait fait donner un trois-piquets et avoir avant été mise aux fers pour fait de marronnage, et qu'elle n'était partie que pour éviter des traitements inhumains.

Je prends la liberté de vous envoyer cette femme, en vous priant de vouloir bien la faire visiter par un médecin, et de lui faire donner ensuite les soins que réclame sa triste position.

Les actes de violence qui se renouvellent si souvent, rappellent le moyen-âge avec ses supplices qui faisaient gémir l'humanité.

Il est à désirer que la loi qu'on attend ne soit pas impuissante, et qu'elle protége enfin avec efficacité les pauvres esclaves contre les mauvais traitements dont ils sont tous les jours les tristes victimes.

Je suis, etc.

Le chef d'escadron.

FRANCE.

Nota. La nommée Polixène a un enfant, âgé d'environ 8 ans, qui a été déclaré libre, ce qui doit nécessairement donner lieu à la liberté de la mère, puisque la Cour de cassation l'a décidé ainsi par son arrêt du 16 avril dernier, en faveur d'Elia Platta, dont les six enfants ont obtenu la liberté.

Pour copie conforme,

Le chef d'escadron,

France.

P. S. La nommée Pauline dite Polixène a été écrouée à la geôle, et ramenée quelques jours après sur l'habitation de son maître par la gendarmerie, en vertu d'une réquisition de l'autorité locale.

A peine de retour chez son oppresseur, on fit donner un nouveau châtiment à cette malheureuse, et on lui mit un carcan, pour avoir osé venir se plaindre à moi des mauvais traitements dont elle était journellement la triste victime.

M. le Procureur général auquel j'avais fait la prière de poursuivre d'office la liberté de cette femme, conformément à l'art. 47 de l'édit de 1685, s'y est refusé formellement. C'est là la protection que l'autorité accorde aux esclaves, ainsi que le dit le Directeur de l'intérieur, par sa lettre du 17 février 1845.

N° 98.

Fort-Royal, le 27 juin 1845.

A MONSIEUR LE COMMANDANT DE LA GENDARMERIE, AU FORT-ROYAL.

Monsieur le Commandant,

La nommée Polixène, esclave du sieur Rampon Sainte-Claire, qui était venue se plaindre à vous d'avoir reçu un châtiment excessif, a été visitée par le médecin aux rapports, sur ma réquisition. Je l'ai fait déposer à la prison centrale, où elle est la disposition de son maître, à qui j'en donne avis, l'homme de l'art, plus compétent que nous pour juger son état, *ayant attesté que le châtiment disciplinaire qu'elle avait reçu n'avait point dépassé la limite légale.*

Recevez, monsieur le Commandant, l'assurance, etc.

Le procureur général par interim.

SELLES.

N° 99.

Fort-Royal, le 5 juillet 1845.

DIRECTION DE L'INTÉRIEUR.

De par le roi.

Conformément à l'ordonnance sur le service de la gendarmerie, et en vertu des disposition de l'art. 124, § 2, de l'ordonnance royale du 9 février 1827; nous requérons M. le chef d'escadron, commandant la gendarmerie à la Martinique, de faire extraire de la prison centrale, au Fort-Royal, pour être reconduite sur l'habitation de M. Rampon de Sainte-Claire, à la Rivière-Salée, la nommée Pauline dite Polixène, lui appartenant, et mise à sa disposition par l'autorité judiciaire.

Le directeur de l'intérieur,

F. FRÉMY.

Vu par le chef d'escadron, qui recommande que la nommée Polixène soit conduite librement par un gendarme qui la mettra à la disposition de son maître, qui a promis à M. le Procureur général de ne pas lui faire éprouver d'autres mauvais traitements.

Fort-Royal, le 6 juillet 1845.

FRANCE.

N° 100.

Rivière-Salée, le 12 juillet 1845.

A MONSIEUR COMMIN, MARÉCHAL-DES-LOGIS, COMMANDANT LA LIEUTENANCE DE L'ARRONDISSEMENT DU FORT-ROYAL.

Mon maréchal-des-logis,

J'ai l'honneur de vous rendre compte que j'ai appris hier, que sitôt que j'ai été parti de chez M. Sainte-Claire, la nommée Polixène a été mise aux fers, mais n'a pas été battue; j'ai entendu dire aussi qu'on voulait lui mettre un carcan.

Je vous renvoie en même temps l'ordre de conduite, avec les 5 fr. 60 cent. pour sa nourriture, pendant qu'elle est restée à la geôle.

J'ai l'honneur d'être avec respect, mon maréchal-des-logis, votre dévoué subordonné,

BEDOUT.

N° 101.

Rivière-Salée, le 2 juillet 1845.

A MONSIEUR FRANCE, CHEF D'ESCADRON, COMMANDANT LA GENDARMERIE DE LA MARTINIQUE, AU FORT-ROYAL.

Mon Commandant,

J'ai l'honneur de vous donner connaissance que j'ai pris tous les renseignements possibles au sujet de la négresse Polixène, vers ses anciens maîtres.

En voici le détail :

1° M. Téliam m'a dit avoir acheté la négresse Polixène en 1840, près des demoiselles Colomb; mais d'après ce que dit M. Téliam, il paraîtrait que cette négresse avait été gâtée par ses demoiselles, attendu que ces dernières l'avaient élevée depuis son enfance, M. Téliam l'a gardée depuis 1840 jusqu'en 1844 ; il n'a jamais eu à se plaindre d'elle pendant tout le temps qu'elle est restée avec lui, mais qu'il avait été forcé de la vendre à madame Duclos, attendu qu'elle ne voulait pas obéir à la mère Téliam ;

2° Madame Duclos m'a dit qu'elle avait acheté la négresse Polixène, près de M. Téliam au commencement de 1844, parce que les demoiselles Colomb l'avaient élevée, et qu'elles l'avaient, pour ainsi dire, engagée à l'acheter, mais qu'elle ne l'avait pas gardée longtemps, attendu qu'elle ne pouvait rien en faire, et qu'elle s'en était débarrassée au mois de décembre 1844, près de M. Sainte-Claire, parce-que, un jour, l'ayant envoyée vendre des marchandises sur une habitation, elle avait mis des faux poids dans son trais, et qu'elle l'avait fait mettre en contravention ; elle m'a dit de plus qu'elle n'était qu'un mauvais sujet.

3° Ayant pris des informations près de M. Sainte-Claire, il m'a dit que la négresse Polixène, lui avait volé une fourchette en argent, et qu'à la suite de ce vol elle était parti marronne pendant deux mois, et qu'ayant été arrêtée sur l'habitation de M. Fleury, et l'ayant conduite chez lui, il lui avait fait administrer un quatre-piquets; M. Sainte-Claire dit qu'elle n'est qu'une coquine; voilà, mon Commandant, tout ce que j'ai pu découvrir.

J'ai l'honneur d'être avec respect, mon Commandant, votre très-humble, etc.

Le brigadier,
BEDOUT.

Nota. La fourchette que l'esclave Polixène était accusée d'avoir volé a été égarée par un enfant de la maison.

N° 102.

Rivière-Salée, le 6 juillet 1845.

A MONSIEUR FRANCE, CHEF D'ESCADRON, COMMANDANT LA GENDARMERIE DE LA MARTINIQUE, AU FORT-ROYAL.

Mon Commandant,

J'ai l'honneur de vous rendre compte que j'ai pris des informations, autant que possible, au sujet de la lettre que vous m'avez écrite; ce n'est qu'à force de recherches que j'ai appris que ces demoiselles restaient à la Rivière-Salée; aussitôt j'ai été trouver le brigadier Bedout, et ayant fait les recherches nécessaires avec lui à ce sujet, n'ayant pas vu les demoiselles Colomb, attendu qu'elles étaient en retraite pour faire leur première communion, nous nous sommes transportés tous les deux près de l'autorité locale, afin de nous faire délivrer l'acte constatant la liberté de la nommée Eusébie, dite Carreau, née en 1837, mais n'ayant eu sa liberté qu'en 1839. M. le maire de la Rivière-Salée nous a dit que, si vous vouliez voir l'acte d'Eusébie (dite Carreau), vous pouviez venir à Rivière-Salée, qu'il vous montrerait le registre gratis, mais que, si vous vouliez en avoir un extrait, il vous le donnerait en payant, attendu qu'il ne vous reconnaît que comme simple particulier; mais que si M. le procureur-général, ou M. le directeur de l'intérieur lui en demandaient un, il le leur enverrait gratis.

Je vous donnerai connaissance que M. le maire nous a dit qu'il en allait écrire en conséquence à M. le gouverneur.

Le brigadier Bedout a signé avec moi le présent rapport.

J'ai l'honneur d'être avec respect, mon Commandant, votre très-humble, etc. BEDOUT. HENRY.

PIÈCE COMMUNIQUÉE.

Vers la fin du mois de janvier 1846, une jeune négresse âgée d'environ douze ans, appartenant à M. Trochu, propriétaire au Vauclin, s'est présentée chez M. le procureur du roi au Fort-Royal, pour se plaindre d'un châtiment excessif de plus de cinquante coups de rigoise qu'elle avait reçus et qui sillonnaient tout le corps de cette malheureuse toute en sang, et dont la vue inspirait la plus profonde indignation.

Elle fut renvoyée par la gendarmerie chez son maître, où la justice s'est rendue pour constater ce nouvel acte de barbarie.

Nota. Attendons quel sera l'effet que produiront ces poursuites. Espérons qu'il n'en sera pas comme de l'affaire Jaham.

SEPTIÈME SÉRIE.

N° 103.

A MONSIEUR LE GOUVERNEUR DE LA MARTINIQUE.

Monsieur le Gouverneur,

J'ai l'honneur de soumettre à votre haute appréciation la conduite tenue envers moi par M. France.

Samedi dernier, j'étais dans ma pharmacie, à onze heures du matin. Un homme vêtu en bourgeois, décoré de la légion-d'honneur, que j'ai su plus tard être M. France, chef d'escadron de la gendarmerie coloniale, s'est présenté chez moi.

Après m'avoir salué, il m'a demandé si j'avais un esclave enferré depuis quatre mois par mon ordre, et m'a présenté un rapport qu'il m'a dit lui avoir été adressé, sans m'en nommer l'auteur; je lui ai répondu que le fait était vrai ; mais que le fer qui était au pied de mon esclave était une chaîne qui avait servi à maintenir un chien ; qu'elle avait été placée par les vives sollicitations de sa mère, fatiguée de voir son fils dans un état constant d'ivrognerie, et dont la santé s'altérait sensiblement par le désordre qu'occasionnait l'excès des boissons. Je lui fis observer aussi que le poids de la chaîne (de 780 grammes) devait lui donner l'assurance que ce n'était point là un châtiment, mais une mesure de précaution dans l'intérêt même de l'esclave. L'effet de la sujétion qu'il a eue encore en portant cette chaîne était de le guérir d'une plaie qu'il a à la jambe, en l'obligeant à garder la maison et en le privant de liqueurs alcooliques. Tout cela n'était-ce pas sur la demande de la mère de l'esclave? Quel mal y avait-il?

De cette mince affaire, M. France est arrivé à des réflexions générales sur l'esclavage. Il m'a conseillé, entre autres choses, de vendre mon esclave; j'ai accepté la proposition, si, dans ses idées, il voulait faire un acte d'humanité. Il m'a demandé d'abord quel était mon prix, je l'ai fixé à cinq cents francs. Alors élevant la voix de manière à être entendu de tous mes domestiques, il m'a dit : non, Monsieur, je ne l'achèterai pas, parce que dans mon cœur l'esclavage est un crime, et je m'élèverai toujours contre la tyrannie des maîtres envers les esclaves. D'ailleurs je vous trouverai le placement de votre esclave, si vous le voulez.

Au moment de se retirer, il me dit enfin : j'ai le nègre chez moi, je vais vous l'envoyer par un gendarme; mais pas de traitement inhumain. Cependant, loin de faire conduire l'esclave chez moi par un de ses gendarmes, M. France l'a livré à lui-même, et alors cet esclave au lieu de retourner dans mon domicile, est allé trouver

M. le Procureur du roi : c'est ce magistrat qui me l'a envoyé, accompagné par un gendarme, après s'être convaincu de la puérilité de sa plainte.

Je dois aussi vous dire, monsieur le Gouverneur, que ma sœur, madame veuve Froc de Laboulaye, présente à cette scène, a fait observer à M. France qu'il fallait une voie de répression pour les esclaves, puisque dans les armées de terre et mer, des moyens, quelquefois plus sévères que les nôtres, étaient employés. Se tournant alors vers elle, il lui a dit d'un ton très-vif : vous avez, madame, pour une femme le cœur bien dur.

Ce ne sont pas là, monsieur le Gouverneur, *les communications auxquelles, depuis votre arrivée dans la colonie, vous avez habitué les colons de la Martinique,* et je m'empresse de porter à votre connaissance la conduite de M. France à mon égard, conduite qui aurait pu apporter de graves désordres chez mes autres esclaves, si, depuis que j'en possède, ils ne m'avaient pas rendu cette justice que je les ai toujours considérés comme étant de ma propre famille.

Afin que vous puissiez, monsieur le Gouverneur, avoir toute certitude sur les faits que je viens de vous exposer, j'ai l'honneur de vous informer que j'ai cru de mon honneur d'envoyer une copie de cette lettre à M. France.

Je suis avec respect, etc.

Signé : P. A. Gayot.

Pour copie conforme :

Le Procureur-Général par interim.

Selles.

Note du chef d'escadron. Le sieur Gayot aurait aussi dû indiquer dans sa plainte à M. le Gouverneur, que l'esclave dont il s'agit a été mis à la geôle, où il lui a fait donner un châtiment rigoureux et qu'à sa sortie de prison où il est resté quinze jours, il lui fit mettre un anneau en fer et une chaîne au pied droit, qu'il avait depuis plus de quatre mois.

N° 104.

26 mai 1845.

A MONSIEUR SELLES, PROCUREUR-GÉNÉRAL PAR INTERIM.

Monsieur le Procureur-Général,

Je m'empresse de répondre à la lettre que vous m'avez fait l'honneur de m'adresser, au sujet de la plainte portée contre moi par le sieur Gayot, pharmacien, à M. le Gouverneur, concernant un de ses esclaves qui s'était présenté à la gendarmerie, pour se plaindre des mauvais traitements dont il était l'objet.

J'ai eu l'honneur de vous faire connaître verbalement ma démarche chez le sieur Gayot, qui aurait aussi dû indiquer dans sa plainte, que l'esclave dont il s'agit *avait été détenu pendant quinze jours à la geôle où il lui a fait donner un châtiment.*

Cet esclave s'est d'abord présenté au quartier, d'où il me fut envoyé par le commandant de cette lieutenance. Après l'avoir interrogé, je lui ai donné le conseil d'aller vous exposer ses griefs contre son maître ; il revint un instant après chez moi, en me disant qu'il vous avait parlé, et que vous lui aviez répondu *que cela ne vous regardait nullement*, ce qui m'a, je vous avoue, surpris singulièrement.

Je conseillai alors à ce mulâtre de rentrer chez son maître, en lui promettant que j'irais le prier de le faire déferrer; mais il me répondit qu'il y était trop malheureux, qu'il ne voulait plus le servir, et s'en fut de chez moi, en me disant qu'il voulait aller trouver M. le Procureur du roi; j'ignore s'il l'a fait, je ne l'ai pas revu depuis; je ne l'ai nullement adressé à M. Chevalier, et j'ignorais complétement que ce magistrat l'avait fait reconduire chez son maître par un agent de police.

Quant à moi, je me suis présenté chez le sieur Gayot, immédiatement après le départ de chez moi de son esclave; j'ai dit, en entrant dans la pharmacie, à un homme de couleur qui s'y trouvait tout seul, que je désirais m'entretenir avec M. Gayot; il me fit entrer, après m'avoir annoncé, dans un cabinet situé derrière la pharmacie où se trouvait M. Gayot, avec une femme qui m'est inconnue. Je lui ai demandé en entrant, ainsi qu'il le déclare dans sa plainte, s'il avait un esclave enfermé depuis quatre mois, il m'a répondu que cela était vrai; je lui ai alors fait la lecture d'un rapport qui venait de m'être adressé par M. Commin et lui ai dit ensuite que je blâmais hautement ces actes d'inhumanité qui sont incompatibles avec les lois de la morale, et qu'aux yeux des hommes généreux, l'esclavage était considéré comme un crime.

La femme qui se trouvait là, me dit avec le ton d'une mégère, qu'il fallait bien des moyens de répression envers les mauvais sujets; ce à quoi j'ai répondu : Vous me paraissez, madame, avoir des sentiments bien peu généreux.

Il est faux que j'aie dit au sieur Gayot que son esclave était chez moi, que j'allais le lui envoyer par un gendarme.

Il est également faux que j'aie élevé la voix en parlant du prix de son mulâtre, qu'il m'a promis de faire déferrer.

Il est vrai que je lui ai recommandé, en sortant, de ne pas lui faire subir d'autres mauvais traitements. Le sieur Gayot m'a envoyé deux personnes, pour me donner l'assurance qu'il était déchaîné et qu'il ne l'avait pas maltraité.

Tels sont, M. le Procureur-général, les faits ainsi qu'ils se sont passés et auxquels M. le Gouverneur paraît vouloir mettre beaucoup d'importance; tout ce que je puis vous dire, c'est que ma conduite, dans cette circonstance, a été ce qu'elle devait être, et que je m'honore d'avoir fait cette démarche, ainsi que plusieurs autres de ce genre, qui n'ont pas été portées à la connaissance de M. le Gouverneur. Je m'en félicite d'autant plus que j'ai pu par ce moyen, délivrer plusieurs malheureux de leurs fers. Je ne crains pas de les avouer hautement, dussé-je même être sacrifié aux susceptibilités du système colonial, dont je ne partage pas les fausses doctrines.

Cette plainte ne diminuera en rien le courage que j'ai montré jusqu'ici, dans l'intérêt de l'humanité.

Quant à mon rapport du 15 de ce mois, relatif au sieur Delas, boulanger, qui tenait depuis plusieurs jours, un de ses nègres à l'attache, comme un chien dogue, dans l'intérieur de sa cour; j'ai été informé de ce fait par une nommée Elia, demeurant chez la demoiselle Modestine, marchande, rue Saint-Laurent, et c'est à la suite de ce renseignement que le maréchal-des-logis Commin a appris qu'il y en avait trois d'enchaînés, au lieu d'un, et je crois à l'exactitude de ce fait, qui m'a encore été rapporté par deux autres personnes, qui n'avaient aucun intérêt à me signaler cet acte de barbarie.

Je suis, etc.

Le Chef d'escadron de gendarmerie,

FRANCE.

Nota. On peut juger par les tracasseries qu'éprouvent tous ceux qui voudraient dénoncer les abus, combien peu sont connus et punis !

Que M. le directeur parle après cela de la vigilance du gouvernement pour la protection des malheureux esclaves ! (Voyez la lettre du 17 février 1845, page 85.)

N° 105.

Fort-Royal, le 26 mai 1845.

A MONSIEUR FRANCE, COMMANDANT LA GENDARMERIE DE LA MARTINIQUE.

Monsieur le Commandant,

M. le Gouverneur a reçu de M. Gayot, pharmacien en cette ville, *une plainte contre la conduite que vous avez tenue à l'égard et au domicile de ce citoyen.* Cette plainte, dont vous trouverez ci-jointe une copie, m'a été renvoyée par M. le Gouverneur afin que j'apprécie la suite à donner à cette affaire. Je vous invite donc à me fournir sans retard les explications que vous jugerez propres à me mettre à même de faire une prompte réponse au chef de la colonie, qui me demande mon opinion, que je ne veux lui exposer qu'en grande connaissance de cause.

Afin que les renseignements que j'attends de vous soient complets, je vous invite, Monsieur le Commandant, à me faire savoir : 1° si, alors que vous vous êtes introduit chez M. Gayot, l'esclave dont il est question dans sa plainte ne s'était pas déjà présenté à mon parquet de votre part, et s'il n'était pas à votre connaissance aussi, que je l'avais renvoyé purement et simplement à son maître, sans prendre ni prescrire aucune mesure ; 2° si vous n'avez pas adressé à M. Chevalier, substitut par interim, ce même esclave, après la démarche que vous saviez qu'il avait tentée vainement près de moi ; 3° s'il n'était pas à votre connaissance que M. Chevalier avait procédé, comme le chef du parquet, à l'égard de l'esclave de M. Gayot ; qu'il avait fait plus même, en le remettant à un archer de police pour le ramener à son maître.

Vous voudrez bien également me donner communication d'un rapport que, selon la plainte de M. Gayot, vous lui auriez montré et qui vous aurait été fait au sujet de l'enferrement de son esclave.

Je profiterai de cette occasion, monsieur le Commandant, pour réclamer de vous des éclaircissements sur un rapport daté du 15 mai n° 221, que vous avez adressé à mon parquet. Vous énoncez dans ce document qu'un sieur Chéry Delas, boulanger, tenait, depuis plusieurs jours, un de ses nègres à l'attache, comme un chien dogue, dans l'intérieur de sa cour ; puis vous ajoutez que vous avez été informé positivement qu'au lieu d'un noir enchaîné, il y en avait trois : les nommés Faustin, Félix et Alexandre. Je vous prie de m'expliquer d'abord comment vous entendez qu'un noir était tenu à l'attache comme un chien dogue, de m'indiquer ensuite la source où vous avez puisé vos renseignements ; car, à l'heure qu'il est, j'ai plus d'une raison de douter de leur exactitude.

Agréez, Monsieur le Commandant, l'assurance de ma considération très-distinguée.

Le Procureur-Général par interim,

SELLES.

Note du Chef d'escadron. M. Selles, procureur-général par interim, a fort mauvaise grâce de dire qu'à l'heure qu'il est, il a plus d'une raison de douter de l'exactitude des faits que je lui ai signalés, puisqu'il s'est rendu lui-même chez le boulanger dont il s'agit, et qu'il a vu les trois esclaves enchaînés.

Pourquoi le chef de la colonie en cette affaire qui est exclusivement du ressort de la justice? — Pourquoi n'accueille-t-on que les plaintes contre ceux qui tâchent d'empêcher les abus? C'est peu encourageant s'ils sont mis en cause eux-mêmes..... à la place des oppresseurs !

N° 106.

Saint-Pierre, le 12 août 1845.

A MONSIEUR FRANCE, COMMANDANT DE LA GENDARMERIE, AU FORT-ROYAL

Monsieur le Commandant,

S. E. le ministre de la marine vous accorde, par dépêche du 11 juillet, n° 380, un congé de six mois avec solde entière, et charge M. le gouverneur de pourvoir à votre embarquement aux frais de l'Etat. Vous voudrez bien, en conséquence, choisir pour retourner en France l'un des bâtiments de commerce qui doivent prochainement quitter la colonie, afin que l'administration puisse arrêter les conditions de votre passage.

M. Isnard étant le plus ancien lieutenant de la compagnie, vous l'appellerez au Fort-Royal, et lui remettrez le service. Vous voudrez bien m'informer du jour où vous serez en mesure d'opérer cette remise, afin que j'en fasse l'objet d'un ordre du jour. Vous voudrez bien aussi vous faire établir un congé de six mois, que vous m'adresserez pour être présenté à la signature de M. le gouverneur.

Recevez, Monsieur le Commandant, etc.

Le Maréchal-de-camp commandant militaire,

ROSTOLAND.

N° 107.

Fort-Royal, le 14 août 1845.

A MONSIEUR LE MARÉCHAL-DE-CAMP COMMANDANT MILITAIRE.

Mon Général,

J'ai reçu la lettre que vous m'avez fait l'honneur de m'adresser le 12 du courant, n° 17, par laquelle vous n'annoncez que M. le ministre de la marine m'a accordé un congé de six mois avec solde entière. N'ayant point sollicité cette faveur, je suppose que c'est par suite d'une erreur qu'elle m'a été accordée, et j'ai l'honneur de vous faire connaître que je n'ai pas l'intention d'en profiter.

Je suis avec respect, mon Général, etc.

Le chef d'escadron, commandant la gendarmerie de la Martinique.

FRANCE.

N° 108.

Saint-Pierre, le 15 août 1845.

A MONSIEUR FRANCE, COMMANDANT DE LA GENDARMERIE, AU FORT-ROYAL.

Monsieur le Commandant,

En vous accordant un congé que vous n'avez pas sollicité, S. E. le ministre de la marine a eu l'intention de vous rappeler en France. Vous aurez donc à vous conformer, sans plus de retard, aux prescriptions de ma lettre du 12 de ce mois, n° 17, et pour vous en faciliter les moyens, je donne ordre à M. Isnard de se rendre lundi au Fort-Royal, pour que vous puissiez lui remettre le service.

Recevez, Monsieur le Commandant, etc.

Le Maréchal-de-camp commandant militaire,

ROSTOLAND.

N° 109.

Fort-Royal, le 16 août 1845

A MONSIEUR LE MARÉCHAL-DE-CAMP COMMANDANT MILITAIRE.

Mon Général,

J'ai l'honneur de vous accuser réception de votre lettre en date d'hier, que je reçois à l'instant.

Vous me dites qu'en m'accordant un congé que je n'ai pas sollicité, S. E. le ministre de la marine a eu l'intention de me rappeler en France.

J'ai l'honneur de vous faire observer, mon général, que je n'ai pas été envoyé à la Martinique par M. le ministre de la marine, mais que j'ai été nommé, au poste honorable que j'occupe, par ordonnance royale du 4 mai 1843.

Il ne peut donc être question pour moi d'un *rappel* en France, que par une ordonnance royale.

Si pour une cause quelconque, S. E. le ministre de la marine avait jugé convenable de *m'appeler* en France, elle n'eût pas manqué de me faire parvenir un ordre à cet effet.

Le congé qui m'est accordé ne peut donc être considéré, que comme la suite d'une erreur, dont je ne crois pas devoir profiter. En ce qui concerne l'ordre que vous me dites avoir donné à M. le lieutenant Isnard, de se rendre au Fort-Royal, lundi, je ne puis me dispenser de vous faire observer, que les ordres à donner à mes subordonnés doivent passer par mon intermédiaire ; et pour la remise du service à M. Isnard, mentionnée dans votre lettre du 12, vous reconnaîtrez également, mon général, qu'elle ne peut avoir lieu dans les circonstances actuelles.

En effet, je ne devrais remettre ce service important, qui m'a été confié par ordonnance royale du 4 mai 1843, que dans deux cas :

1° Si j'avais reçu un ordre de service, signé de M. le ministre, m'appelant en France.

2° Si M. le gouverneur, usant des pouvoirs extraordinaires qui lui sont attribués, par l'ordonnance organique des colonies, avait provoqué ma suspension, après m'avoir fait connaître les griefs existant contre moi, m'eût offert les moyens de passer en France, pour rendre compte de ma conduite au Ministre.

Il est impossible de considérer comme un ordre de service, le congé de six mois avec la solde entière que vous me dites de faire établir.

Et quant à la deuxième hypothèse, je pense que le zèle et le dévouement que j'ai apportés constamment dans l'accomplissement de mes devoirs et la bonne direction que j'ai donnée au service de la compagnie, me mettent à l'abri de tout reproche.

Je suis avec respect, etc.

Le Chef d'escadron de gendarmerie
de la Martinique,
France.

P. S. J'écris à M. Isnard, que l'ordre que vous lui

avez donné de se rendre au Fort-Royal, est le résultat d'un malentendu.

N° 110.

Fort-Royal, le 19 août 1845.

A MONSIEUR FRANCE, CHEF D'ESCADRON DE GENDARMERIE A LA MARTINIQUE.

Monsieur le Commandant,

Il ne peut, ni la part de M. le gouverneur, ni de la mienne, être question d'entamer avec vous une polémique au sujet des attributions de S. E. le ministre de la marine. Libre donc à vous de ne pas reconnaître son autorité dans votre for intérieur; mais il est de notre devoir d'exécuter ses ordres, de vous faire vous y soumettre. Je n'ai donc pu insister, ni avoir l'intention d'insister pour, comme vous me l'écrivez, vous faire accepter un congé que je n'avais qu'à vous notifier, ce que j'ai déjà fait, deux fois par écrit et une fois verbalement, avec les ménagements que comportaient votre grade et votre ancienneté de service. Votre persistance à refuser de comprendre mes explications, et de vous conformer aux ordres que je vous ai transmis, vient de m'obliger de faire mettre à l'ordre de la division votre remplacement par M. le lieutenant Isnard dans le commandement de la compagnie. Vous n'exercerez donc plus de fait ce commandement, que je vous invite à remettre immédiatement à votre successeur intérimaire.

Votre lettre et toutes celles que vous m'avez fait parvenir, depuis la réception des ordres ministériels qui vous concernent, seront d'ailleurs envoyées à S. E. le ministre de la marine et, puisque vous vous rendez en France, vous aurez toute facilité pour formuler près de l'autorité compétente, les réclamations que vous vous croirez en droit d'adresser.

Vous aurez à me faire connaître, sans retard, le bâtiment sur lequel il vous conviendrait que votre passage fût arrêté par l'administration.

Recevez, Monsieur le Commandant, etc.

Le Maréchal-de-camp commandant militaire,

ROSTOLAND.

N° 111.

Fort-Royal, le 19 août 1845.

A MONSIEUR LE MARÉCHAL-DE-CAMP COMMANDANT MILITAIRE.

Mon Général,

Vous m'avez fait appeler chez vous, et vous avez de nouveau insisté pour me faire accepter le congé de six mois avec solde entière, qui, suivant vos lettres des 12 et 15 courant, m'aurait été accordé par S. Exc. M. le ministre de la marine, sans que je l'aie sollicité.

Un congé de six mois, avec solde entière, non motivé, est une faveur que généralement un officier ne peut être tenu d'accepter, puisque l'on pourrait ensuite contester à cet officier la légalité de sa position et le droit à cette solde entière ; mais particulièrement en ayant égard aux lois et ordonnances qui régissent la gendarmerie.

Je doute qu'on puisse admettre la validité du congé qui m'est offert ; permettez-moi, mon général, de vous présenter à ce sujet quelques observations.

En m'annonçant que, par ordonnance royale du 4 mai

1843, Sa Majesté m'a nommé chef d'escadron, commandant la gendarmerie de la Martinique, S. Exc. M. le maréchal ministre de la guerre me prescrit de me rendre à mon poste, et non de m'adresser à M. le ministre de la marine.

Dans sa lettre du 16 mai 1843, M. le ministre de la marine m'annonce que je serai au compte de son département à dater du jour où j'aurai cessé d'être payé à mon ancien corps.

Dans ces ordres de service, rien ne peut faire croire que je suis mis en dehors de la dépendance du ministère de la guerre; et cela est si peu présumable, que, par ses lettres du 22 avril 1842, et 19 octobre 1843, S. Exc. M. le ministre de la guerre m'a prescrit de lui adresser *directement* (en soulignant ce mot) mes rapports mensuels.

Or, dans sa note officielle du 20 juillet 1832, S. Exc. M. le ministre de la guerre rappelle que la gendarmerie, à raison de la spécialité de son service, est régie par des ordonnances et réglements particuliers, et qu'aucun congé n'est valable, s'il n'est délivré par M. le ministre de la guerre.

Des dispositions assez récentes concernant la gendarmerie sont conséquentes avec la susdite note officielle du 20 juillet 1832. C'est ainsi que, par suite des observations de M. le ministre de la guerre, une circulaire du 28 octobre 1842, n° 587, envoyée par M. le ministre de la marine à MM. les gouverneurs des colonies, leur fait connaître qu'ils devront désormais s'abstenir d'accepter les démissions des membres de la gendarmerie.

Ces considérations vous feront sans doute connaître, mon Général, que je ne pourrais, sans engager ma responsabilité vis-à-vis M. le ministre de la guerre, profiter du congé que vous m'avez annoncé dans votre lettre du 12 de ce mois.

J'ai donc l'honneur de vous prier de vouloir bien recevoir et transmettre à l'autorité supérieure la déclaration que je renouvelle ici de la non-acceptation dudit congé.

Je suis avec respect, etc.

Le Chef d'escadron commandant la gendarmerie de la Martinique,

FRANCE.

N° 112.

Fort-Royal, le 20 août 1845.

A MONSIEUR LE MARÉCHAL-DE-CAMP COMMANDANT MILITAIRE.

Mon Général,

J'ai reçu hier soir une copie de votre ordre du jour, n° 23, lequel fait connaître que, par suite des dispositions arrêtées entre les départements de la guerre et de la marine, je recevrai un congé de six mois avec solde entière.

J'ai été d'autant plus surpris de l'énoncé de ces dispositions, que, dans vos lettres des 12 et 15 de ce mois, et même dans celle que vous m'avez adressée hier sous le n° 24, postérieurement à l'ordre, il n'est nullement question de l'intervention de M. le ministre de la guerre dans la délivrance de ce congé. Vous ne m'avez point parlé, mon général, de cette circonstance quand vous m'avez fait l'honneur de m'entretenir ici. Je suis désolé de n'en avoir point été informé, car je suis habitué depuis trente-trois ans à la subordination, et je sais où s'arrête le commandement.

Je regrette seulement, mon général, que vous n'ayez pas jugé convenable de m'adresser une copie de la dépêche ministérielle qui mentionne le concours de S. Exc. M. le ministre de la guerre à la mesure qui a fait l'objet de mes réclamations.

Je vous réitère cette demande : je pense toutefois que votre ordre du jour couvre suffisamment ma responsabilité.

La mesure dont je suis l'objet me paraît d'autant plus extraordinaire, que j'ai toujours été signalé par mes chefs et par tous les inspecteurs-généraux comme donnant une bonne impulsion au service, et montrant l'exemple du zèle et du dévouement à mes camarades, ce qui m'a mérité d'être nommé, au choix du roi, au grade de chef d'escadron.

Sans vouloir porter atteinte à la mémoire de mon prédécesseur, je dois, pour ma justification, vous rappeler l'état dans lequel se trouvait le service de la gendarmerie de la Martinique quand j'en ai pris le commandement. Les correspondances des brigades n'étaient point régulièrement établies sur tous les points ; la conduite de plusieurs sous-officiers et gendarmes était des plus répréhensibles ; il existait dans la plupart des casernes des femmes de mauvaise vie ; les chevaux étaient dans un état de maigreur qui faisait pitié ; il n'existait dans les brigades ni registres, ni journaux de service, ni coffres à avoine, ni cribles, ni brosses-bouchons, et Dieu sait comment on faisait les pansages ! L'instruction, tant spéciale que militaire, laissait généralement à désirer.

Il est notoire que le service se faisait avec irrégularité. On n'a qu'à lire les ordres que j'ai donnés, vérifier mes rapports mensuels, et on pourra se convaincre de la bonne direction que j'ai tracée à toutes les parties du service ; la preuve résulte de la multiplicité des procès-verbaux de tous genres de la gendarmerie, et particulièrement ceux constatant les excès commis par des maîtres et des géreurs envers leurs esclaves. Vous connaissez le pays, mon général, et vous savez avec quel soin on cache ce qui se passe sur les habitations ; la gendarmerie est rarement instruite des excès qui s'y commettent et qu'elle n'a pas signalés, mais on doit reconnaître que les circonstances et les localités ont souvent paralysé son zèle.

En réponse à votre lettre d'hier soir, n° 24, j'ai l'honneur de vous faire observer, mon général, que je n'ai pas méconnu le droit qu'a S. Exc. M. le ministre de la marine de m'appeler en France ; vous remarquerez, au contraire, que dans ma lettre du 16, n° 481, j'ai posé le cas de la remise de mon service sur le vu d'un ordre signé par S. Exc.

Je suis avec respect, mon général, etc.

Le Chef d'escadron commandant la gendarmerie,

FRANCE.

N° 113.

ORDRE DU JOUR.

Par suite de dispositions arrêtées entre les départements de la guerre et de la marine, et en conséquence des ordres qui lui sont adressés par S. Exc. le ministre de la marine, M. le Gouverneur décide que les mouvements ci-après auront immédiatement lieu dans le personnel de la gendarmerie.

M. le chef d'escadron France recevra un congé de six mois avec solde entière, à l'effet de rentrer en France. Cet officier supérieur remettra les comptes et le commandement de la compagnie à M. le lieutenant Isnard, que son ancienneté appelle à remplir l'interim.

M. le lieutenant Isnard se rendra de Saint-Pierre au chef-lieu, où il fixera sa résidence.

M. le lieutenant Schenck prendra le commandement de la lieutenance de Saint-Pierre, et sera remplacé à la Trinité par le maréchal-des-logis Cetto.

Fort-Royal, le 19 août 1845.

Le Maréchal-de-camp, Commandant militaire,
Signé ROSTOLAND.

Pour copie conforme :

Le Chef de bataillon Commandant de place,
BOUCHE.

N° 114.

Paris, le 11 juillet 1845.

Monsieur le Gouverneur, je vous ai fait connaître, sous la date du 10 juin dernier, que je me concertais avec M. le ministre de la guerre au sujet de la situation de M. France, chef d'escadron commandant la compagnie de gendarmerie de la Martinique.

En reconnaissant que, dans l'intérêt du service, M. France devait quitter la colonie, je n'ai pu néanmoins perdre de vue les égards qui sont dus à un officier supérieur parvenu au terme de sa carrière.

En conséquence, je lui accorde un congé de six mois, avec solde entière. Vous voudrez bien en informer M. France, et pourvoir à son embarquement aux frais de l'Etat.

M. le ministre de la guerre a adhéré à cette disposition.

Recevez, Monsieur le Gouverneur, etc.

Le Vice-Amiral, Pair de France, Ministre secrétaire d'Etat de la marine et des colonies,
Signé, Baron DE MACKAU.

Pour copie conforme :

Le Maréchal-de-camp, Commandant militaire,
ROSTOLAND.

N° 115.

Fort-Royal, le 10 septembre 1845.

A MONSIEUR FRANCE, CHEF D'ESCADRON DE GENDARMERIE, AU FORT-ROYAL.

Monsieur le Commandant,

M. le gouverneur vient d'être informé, par M. l'ordonnateur, que votre passage était arrêté à bord de l'*Arthémise,* qui doit mettre à la voile le 13 de ce mois, pour se rendre de Saint-Pierre à Bordeaux. Vous aurez à faire vos dispositions en conséquence, et d'ailleurs à vous présenter à M. l'ordonnateur pour faire régler votre solde, et prendre les renseignements qui vous seraient nécessaires sur votre départ.

Recevez, Monsieur le Commandant, etc.

Le Général commandant militaire,

ROSTOLAND.

N° 116.

Fort-Royal, le 10 septembre 1845.

A MONSIEUR LE MARÉCHAL-DE-CAMP, COMMANDANT MILITAIRE.

Mon Général,

Par votre lettre du 12 août, n° 17, vous m'avez invité à désigner le navire sur lequel je devrais effectuer mon retour en France, et par ma lettre du 25 du même mois, je vous ai fait connaître que j'acceptais mon passage sur le *Latour-d'Auvergne*, que vous m'aviez indiqué.

Depuis, par votre lettre du 30 août, vous m'avez prévenu que le capitaine de ce navire n'avait pu me prendre à son bord, et par la mienne du 1er septembre, je vous ai mandé que je désirais partir par la *Louise*, qui doit mettre à la voile vers le 25 de ce mois, qui a des emménagements convenables, et que j'avais déjà adressé mes effets au consignataire de ce bâtiment.

Je reçois à l'instant votre lettre de ce jour, n° 43, par laquelle vous me faites connaître que mon passage était arrêté à bord de l'*Arthémise*, qui doit se rendre de Saint-Pierre à Bordeaux.

Ce navire ne me convient nullement; il se rend d'ailleurs trop loin de Paris, où je dois passer une partie de mon congé, ce qui m'occasionnerait des frais considérables, surtout pour le transport de mes bagages, qui sont très-volumineux.

J'ai, en connaissance, l'honneur de vous prévenir que je renonce à partir sur ce bâtiment, et que je prendrai passage à mes frais sur la *Louise*, sauf à m'adresser à M. le ministre pour obtenir, s'il y a lieu, mes frais de traversée.

Je suis, etc.

Le Chef d'escadron,
FRANCE.

N° 117.

Fort-Royal, le 10 septembre 1845.

A MONSIEUR FRANCE, CHEF D'ESCADRON DE GENDARMERIE, A FORT-ROYAL.

Monsieur le Commandant,

Je reçois votre lettre de ce jour, par laquelle vous me rappelez que vous deviez prendre passage sur le *Latour-d'Auvergne*. Si vous n'avez pu être embarqué sur ce bâtiment, la faute en est aux circonstances, cela n'a dépendu de la volonté de personne, mais comme M. le Gouverneur n'en restait pas moins chargé de pourvoir à votre embarquement, il a alors décidé que vous effectueriez votre retour à bord du premier navire qui ferait voile pour l'un des ports de la métropole. Je vous ai notifié cette disposition et ne l'eussé-je pas fait, qu'il n'appartenait qu'à l'administration seule de traiter pour votre embarquement. Elle n'a donc fait que s'acquitter de ce devoir en arrêtant, d'après la décision supérieure, votre passage sur le navire l'*Arthémise*, le premier à quitter la colonie.

Je vous ai informé ce matin de cette disposition; maintenant je vous enjoins de vous conformer aux ordres de M. le Gouverneur, en vous trouvant à bord du navire l'*Arthémise* en temps utile pour profiter de son départ. Je regretterais qu'une nouvelle opposition de votre part vînt encore nécessiter des mesures officielles à votre égard.

Recevez, Monsieur le Commandant, l'assurance de ma considération distinguée.

Le Général commandant militaire,
ROSTOLAND.

N° 118.

Fort-Royal, le 11 septembre 1845.

En exécution d'ordres de M. le Gouverneur, il est ordonné à M. France, chef d'escadron de gendarmerie à la Martinique, de se rendre à Saint-Pierre, le 13 du courant à l'effet d'y attendre le départ du navire l'*Arthémise*, sur lequel il doit opérer son retour en France.

Le Général commandant militaire,
ROSTOLAND.

Nota: Par ma lettre du 1er septembre, j'informai M. le maréchal-de-camp Rostoland, commandant militaire, que je désirais partir par le navire la *Louise*, en partance pour le Havre, en le priant de faire arrêter mon passage sur ce bâtiment; mais M. Rostoland me répondit qu'en exécution des ordres de M. le Gouverneur, je devais me rendre à Saint-Pierre, le 13 septembre, pour m'embarquer sur le navire l'*Arthémise*, devant mettre à la voile à cette date pour Bordeaux.

J'ai protesté conrtre cette mesure, tout en m'y soumettant, et au moyen de laquelle M. le Gouverneur a foulé aux pieds tous les égards qui me sont dus, et qui lui sont recommandéspar le Ministre.

L'*Arthémise* n'a mis à la voile que le 28 septembre, et pour un port éloigné de Paris, tandis que le navire la *Louise* se rend au Hâvre. Une telle conduite de la part de M. le Gouverneur Mathieu ne saurait être qualifiée. Mais Son Excellence verra que la passion aveugle M. Mathieu, dans l'exercice de ses fonctions, et que pour plaire aux exigences des préjugés coloniaux, il ne craint pas de commettre des actes arbitraires.

Le Chef d'escadron,
FRANCE.

N° 119.

Saint-Pierre, le 25 septembre 1845.

A MONSIEUR LE GÉNÉRAL ROSTOLAND.

Mon Général,

Vous m'avez dit une chose inexacte, en me faisant connaître, par votre lettre du 10 septembre, n° 43, que le navire l'*Arthémise*, à bord duquel mon passage a été arrêté, contrairement à mes intentions, devait mettre à la voile le 13 du même mois, pour se rendre de Saint-Pierre à Bordeaux ; et à la suite des observations que j'ai eu l'honneur de vous adresser à ce sujet, vous m'avez donné, le *lendemain* 11, *l'ordre de me rendre ici* le 13, à l'effet de m'y embarquer, tandis que ce navire ne doit mettre à la voile que dans quelques jours pour un port éloigné de Paris, ce qui m'occasionnera, comme mon séjour à Saint-Pierre, des frais considérables.

En employant ces procédés envers moi, on a foulé aux pieds tous les égards qui me sont dus, et qui ont été recommandés au gouverneur par M. le ministre, auquel je ferai remarquer que la passion n'y est pas étrangère, et que pour plaire aux exigences des préjugés coloniaux, l'autorité supérieure ne craint pas de commettre des actes arbitraires.

On m'a communiqué l'ordre du jour que vous avez adressé à la gendarmerie à la suite de votre inspection, et dans lequel je pensais être l'objet d'une mention honorable, comme celles que j'ai toujours obtenues en France à toutes les inspections générales ; je comptais d'autant plus ici sur un semblable témoignage de satisfaction de votre part, que vous savez dans quel état se trouvait le service et la tenue de la gendarmerie de la Martinique, quand j'en ai pris le commandement.

Vous dites, dans votre ordre du jour, que la tenue est bonne, mais que l'instruction spéciale laisse encore à désirer ; je ne comprends pas comment vous avez pu émettre cette opinion, puisque, pendant votre inspection, vous n'êtes pas entré dans tous les détails qui en son le but ; vous n'avez pas vu les brigades de la Rivière-

Salée, des Anses-d'Arlets et des Trois-Ilets; et vous vous êtes contenté, pour les brigades rurales que vous avez inspectées, de voir les chevaux nus sans faire faire aucun exercice, et sans vous assurer du degré d'instruction, tant spéciale que militaire, des sous-officiers et gendarmes ; vous n'avez pas non plus jugé à propos de vous faire accompagner par moi, pour avoir les renseignements nécessaires, ainsi que le prescrivent les règlements.

Je dois donc supposer que c'est par erreur que vous avez indiqué, dans votre ordre, que l'instruction spéciale laissait à désirer, puisque vous n'avez passé de revue morale dans aucune des brigades, et que vous ne vous êtes pas fait représenter les cahiers d'écriture des hommes de cette compagnie ni vérifier les instructions que j'ai données à cet égard, et qui se trouvent en tête de chacun des cahiers.

Par ma lettre du 23 août, je vous ai proposé mon cheval pour la remonte de la gendarmerie qui en a besoin, et bien qu'il ne soit âgé que de six ans, et qu'il réunisse au-delà des conditions désirables pour faire un bon service, *vous n'avez pas daigné me répondre*. C'est un manque d'égard que l'on ne rencontre pas ordinairement ; vous ne serez donc pas étonné que je le signale ; ainsi que les irrégularités que j'ai remarquées dans votre ordre, dès mon arrivée en France.

Je termine cette longue lettre, en vous faisant remarquer que pendant le cours de votre inspection, c'est sur la comptabilité de la compagnie que vous avez seulement porté votre attention, et que malgré vos recherches et celles de M. le sous-commissaire Desmases, qui vous secondait, et qui m'a mis souvent dans le cas de signaler son mauvais vouloir, vous n'avez pu trouver une erreur d'un millième seulement. Vous n'avez pas non plus reçu la moindre réclamation de la part des sous-officiers et gendarmes, ce qui prouve évidemment que mon admiministration a été aussi régulière qu'équitable, ce que vous avez omis de mentionner dans votre ordre d'inspection.

Qu'il me soit permis de vous dire, mon Général, en finissant, que le premier devoir d'un chef est d'être juste, et que c'est en suivant cette règle, qu'il assure un service dévoué au Gouvernement.

Je suis avec respect, mon Général, etc.

Le Chef d'escadron de gendarmerie de la Martinique, en congé.

FRANCE.

Nota. Depuis longtemps le général Rostoland m'avait fait connaître qu'on savait se débarrasser de tous ceux qui n'avaient pas les préjugés coloniaux; aussi n'a-t-il rien négligé auprès du gouverneur, qui en est imbu comme lui, pour me faire obtenir un congé que je n'ai pas demandé, afin de moins gêner les actes arbitraires qui se commettent journellement.

N° 120.

Saint-Pierre-Martinique, le 25 septembre 1845.

A MONSIEUR LE MINISTRE DE LA MARINE ET DES COLONIES.

Monsieur le Ministre,

Par sa lettre du 12 août dernier, M. le maréchal-de-camp Rostoland, commandant militaire, m'a mandé que Votre Excellence m'avait accordé, par sa dépêche du 11 juillet, n° 380, un congé de six mois avec solde entière, et qu'elle chargeait M. le Gouverneur de pourvoir à mon embarquement aux frais de l'État.

J'ai répondu au général Rostoland que je n'avais point sollicité cette faveur, et que je supposais que c'était par suite d'une erreur qu'elle m'avait été accordée, en lui faisant connaître que je n'avais pas l'intention d'en profiter, et par sa lettre du 15 du même mois, il me dit qu'en m'accordant un congé que je n'avais pas sollicité, Votre Excellence a eu l'intention de me rappeler en France, en m'invitant de me conformer sans plus de retard aux prescriptions de sa lettre du 12; et que pour m'en faciliter les moyens, il donnait l'ordre au lieutenant Isnard de se rendre au Fort-Royal pour que je puisse lui remettre le service. J'ai objecté à cette lettre que j'avais été nommé au poste honorable que j'occupais par une ordonnance royale, et que je pensais qu'il ne pouvait être question pour moi d'un rappel en France que par une décision ministérielle, et que si, pour une cause quelconque, Votre Excellence avait jugé convenable de m'appeler en France, elle n'eût pas manqué de me faire parvenir un ordre à cet effet. Et en ce qui concernait l'ordre qu'il me disait avoir donné à M. le lieutenant Isnard de se rendre au Fort-Royal, je devais lui faire observer que les ordres à donner à mes subordonnés devaient passer par mon intermédiaire. J'ai également fait observer à M. Rostoland, que je ne devais remettre le service important qui m'avait été confié par ordonnance royale, que dans deux cas :

1° Si j'avais reçu un ordre de service signé de Votre Excellence, m'appelant en France. 2° Si M. le Gouverneur, usant des pouvoirs extraordinaires qui lui sont conférés par l'ordonnance organique des Colonies, avait provoqué ma suspension, après m'avoir fait connaître les griefs existant contre moi, et m'eût offert les moyens de passer en France pour rendre compte de ma conduite à Votre Excellence.

Et que, quant à la deuxième hypothèse, je pensais que le zèle et le dévouement que j'avais apportés constamment dans l'accomplissement de mes devoirs, et la bonne direction que j'avais donnée à toutes les parties du service de la gendarmerie, me mettaient à l'abri de tout reproche.

Par sa lettre du 19, M. le général Rostoland me dit qu'il ne peut, ni de la part du gouverneur, ni de la sienne, être question d'entamer avec moi une polémique au sujet des attributions de Votre Excellence; mais qu'il est de leur devoir de me faire soumettre aux ordres donnés, et qu'il vient de faire mettre à l'ordre de la division mon remplacement dans le commandement de la compagnie; que je n'exercerais plus de fait ce commandement; qu'il m'invitait à le remettre immédiatement à M. Isnard, mon successeur intérimaire; que j'aurais à lui faire connaître sans retard le bâtiment sur lequel il me conviendrait que mon passage fût arrêté par l'administration. J'ai répondu le 20 à cette lettre, ainsi qu'à la copie de l'ordre faisant connaître que, par suite des dispositions arrêtées entre les départements de la Guerre et de la Marine, je recevrais un congé de six mois avec solde entière; que j'ai été d'autant plus surpris de l'énoncé de ces dispositions, que dans ses lettres des 12 et 15 août, et même dans celle du 19, il n'est nullement question de l'intervention de M. le Maréchal ministre de la Guerre, dans la délivrance de ce congé; que j'étais désolé de n'en avoir point été informé; que j'étais habitué, depuis trente-trois ans, à la subordination, et que je savais où s'arrêtait le commandement; que je regrettais qu'il n'eût pas jugé convenable de m'adresser une copie de la dépêche ministérielle, qui mentionne le concours de son Excellence M. le Ministre de la Guerre à la mesure qui a fait l'objet de mes réclamations; que cette mesure me paraît d'autant plus extraordinaire que j'ai toujours été signalé, par mes chefs et par les inspecteurs-généraux, comme donnant une bonne impulsion au service et montrant l'exemple du zèle et du dévouement à mes camarades, ce qui m'a mérité d'être nommé chef d'escadron au choix du roi. J'ai ajouté dans cette lettre au général Rostoland, que sans vouloir porter atteinte à la mémoire de mon prédécesseur, je devais pour ma justification lui rappeler l'état déplorable dans lequel se trouvaient la tenue et le service de la gendarmerie de la Martinique, quand j'en pris le commandement.

Les correspondances des brigades n'étaient point régulièrement établies sur tous les points; la conduite de plusieurs sous-officiers et gendarmes était des plus répréhensibles; il existait, dans la plupart des casernes, des femmes de mauvaise vie; il n'y avait dans les brigades, ni registres, ni journaux de service, ni coffres à avoine, ni cribles, ni brosses, bouchons; plusieurs hommes étaient dépourvus des effets de pansage, et les chevaux étaient dans un état de maigreur qui faisait pitié. L'instruction, tant spéciale que militaire, laissait généralement à désirer et il est notoire, M. le Ministre, que le service se faisait avec irrégularité. On n'a qu'à lire les ordres et les circulaires que j'ai donnés, vérifier mes rapports mensuels, et on pourra se convaincre de la bonne direction que j'ai tracée à toutes les parties du service : la preuve résulte d'ailleurs de la multiplicité des procès-verbaux de tout genre de la gendarmerie, qui n'avait jamais dressé, antérieurement à mon arrivée, aucun acte concernant le régime disciplinaire des habitations, et les rapports entre les maîtres et les esclaves.

Je ne dois pas omettre de dire à Votre Excellence, que lorsque la mesure qui a été provoquée contre moi par M. le Gouverneur a été connue, une députation composée de l'élite de la société s'est présentée chez moi, pour me remettre une adresse couverte d'un grand nombre de signatures les plus honorables, m'exprimant les regrets de me voir quitter la colonie, au moment où ma présence était si utile à la cause des opprimés.

M. le Gouverneur, alarmé de ces manifestations, me fit donner l'ordre, le 10 septembre, par le général Rostoland, de me rendre à Saint-Pierre, en m'annonçant que le navire l'*Arthémise*, sur lequel l'administration avait arrêté mon passage, devait mettre à la voile le 13, ce qui est inexact, puisque ce navire ne doit partir qu'à la fin de ce mois, et pour un port éloigné de Paris.

Par ma lettre du 1er septembre, j'informai M. le général Rostoland, commandant militaire, que je désirais m'embarquer sur le navire la *Louise*, en partance pour le Hâvre, en le priant de faire arrêter mon passage sur ce bâtiment; mais il me répondit dix jours après, qu'en exécution des ordres de M. le Gouverneur, je devais me rendre à Saint-Pierre le 13, pour m'embarquer sur le navire l'*Arthémise*, devant mettre à la voile à cette date pour Bordeaux, ce qui m'occasionnera, comme mon séjour à Saint-Pierre, des frais considérables.

Tout en m'y soumettant, j'ai protesté contre cette mesure, au moyen de laquelle M. le Gouverneur a foulé aux pieds tous les égards qui me sont dus. Une telle conduite de la part de M. Mathieu ne saurait être qualifiée. Je m'étais aperçu depuis longtemps qu'il voulait se débarrasser de moi, pour moins gêner l'arbitraire des maîtres envers les esclaves, et laisser régner ce qu'on appelle à la Martinique *le système colonial*, ou transaction avec tous les abus qu'on impose, comme religion politique, à tous les fonctionnaires, sous peine de se rendre impossibles. Le Gouverneur seul, qui pourrait représenter au sérieux les intentions du Gouvernement. est le premier à s'identifier avec la résistance, ainsi qu'on peut le voir par ses discours aux adresses, à l'ouverture des deux sessions, et par d'autres documents de détails qu'on pourrait invoquer.

A l'exemple de M. Mathieu, c'est une maxime reçue, même parmi de hauts fonctionnaires, que la mission de la gendarmerie dans cette colonie, n'est pas de soutenir le faible et l'opprimé, selon l'esprit de l'ordonnance royale du 29 octobre 1820 ; mais qu'au contraire elle doit concourir par son assistance à des châtiments, souvent pour des causes notoirement injustes; ils pensent même que la gendarmerie n'a qu'à exécuter aveuglément la volonté des maîtres, sans avoir à surveiller la conduite de ces derniers. (*Voy.* lettre du directeur, 17 février 1845). M. Mathieu n'avait d'autres motifs pour demander mon éloignement, que celui de me voir signaler les abus et actes répréhensibles dont les colons se rendent coupables journellement. Mais aussi, mon intention est de signaler que, d'après le système colonial; quiconque ne trempe point dans l'arbitraire et ne se soumet point à l'iniquité, doit être persuadé d'avance qu'on ne négligera rien pour s'en débarrasser.

Je mettrai à l'appui de mes assertions, relatives aux crimes et actes d'inhumanité qui se commettent envers de pauvres esclaves, les rapports et procès-verbaux que j'ai entre les mains, et qui, malgré leur gravité, sont encore au-dessous de la vérité.

Je signalerai que M. Mathieu, oubliant la réserve qui lui est commandée par sa haute position, courait, il y a quelque temps, la campagne, répondant aveuglément à toutes les avances des colons, et leur prodiguant en retour force pressions de mains. Il n'a pas oublié de faire insérer, dans les journaux de la colonie, l'ordonnance royale concernant les honneurs qu'on doit rendre au gouverneur, et a prouvé par là qu'il était avide d'ovations. Je ferai connaître le dévouement sans borneaux colons de M. le gouverneur, dont la courte administration s'est déjà signalée par les actes les plus manifestement contraire à l'esprit de la loi (voy. affaire Bruneau et M. Chevalier).

Je ferai connaître sa conduite sur l'habitation la Marly du Lamentin, appartenant à M. le baron de Lhorme, où, après un repas, il a harangué les esclaves, comme pour atténuer ce qu'avaient eu de pénible pour les colons les poursuites intentées contre le géreur Bruneau, en vantant sa douceur, son humanité, son administration vraiment paternelle, etc.

Ces faits, que rien ne saurait qualifier, et qui empruntent de la gravité même du caractère de celui qui s'en est rendu l'objet, ne sont, hélas ! pas les seuls qu'on ait à reprocher au représentant du roi à la Martinique.

En voici un autre non moins grave, et qui a causé une émotion pénible à tous les esprits éclairés et conciliants, qui s'inclinent devant le principe sacré de la légalité, devant la loi.

Peu de temps après son arrivée, M. le gouverneur se rend à Saint-Pierre et visite les institutions blanches ; il refuse ce témoignage d'encouragement à une institution dirigée par un jeune et habile maître, M. Eugène Testut, membre de l'institut d'Afrique, uniquement parce que cette institution est ouverte aux jeunes gens de couleur. J'ai visité cet établissement qui honore le maître, lequel s'est ému de cette abstention de M. le gouverneur. auquel il a cru devoir exprimer la satisfaction qu'éprouveraient ses élèves à le voir au milieu d'eux, et les bons effets qui pourraient en résulter.

M. Mathieu, pour légitimer son refus, prétexte des besoins de service qui réclament impérieusement sa présence au siége de son gouvernement, mais il remet à un voyage prochain cette visite solennellement promise et impatiemment attendue.

Plus de six mois se sont écoulés depuis cette promesse, plusieurs voyages ont été effectués ; instituteur et élèves attendent encore ! J'ai commandé pendant près de deux ans les chasseurs de montagnes, dont la comptabilité se trouvait entre les mains du trésorier de la gendarmerie, auquel on allouait 300 fr. par an pour ses frais de bureau. Ces chasseurs, dont les postes sont dispersés sur tous les points de la colonie, m'entraînant, ainsi que mes commandants de lieutenances, à des frais de tout genre et à des courses pénibles, par des chemins presque toujours impraticables, j'ai fait connaître à M. le gouverneur que ce service, dont j'avais toute la responsabilité, et que je faisais bénévolement, était en dehors de mes attributions, que si on ne m'allouait des frais de bureau, je ne pourrais plus m'en charger à l'avenir.

Par un arrêté pris en conseil privé, le 1er février de cette année, le conseil a préféré voter une somme de 8,500 fr. pour la nomination d'un capitaine et d'un lieutenant (tous deux habitants du pays) que de nous allouer la modique somme de 1,500 fr. que je demandais comme frais de bureau pour tous les chefs de la gendarmerie.

Bien que cet arrêté ait été rendu le 1er février, je n'en ai pas moins été obligé d'en conserver le commandement jusqu'au 15, sans avoir reçu aucun dédommagement.

J'ai écrit deux fois à M. le gouverneur pour lui réclamer, en mon nom et au nom de mes lieutenants, le montant des allocations accordées aux deux officiers de chasseurs, pour la première quinzaine de février, puisqu'ils n'ont pris le service que le 16 du même mois, et auxquels on a payé illégalement cette première quinzaine, qui me revenait ainsi qu'à mes commandants de lieutenances ; M. le gouverneur n'a pas même daigné me répondre, lui si empressé de répondre aux demandes des colons.

Les 21 et 23 août, j'ai écrit à M. le général Rostoland et à M. Pageot Desnoutières, ordonnateur par intérim[1], pour leur proposer la cession de mon cheval d'escadron à la remonte de la gendarmerie, qui manque de chevaux Ce cheval n'a que six ans, réunissant au delà des conditions désirables pour faire un bon service, et ces messieurs, à l'exemple de M. le gouverneur, n'ont pas non plus daigné me répondre. C'est un manque d'égards que l'on ne rencontre pas ordinairement, et que je crois devoir signaler à Votre Excellence. Voilà, monsieur le Ministre, de la justice, justice assurément indigne d'officiers français, justice d'autant plus inexplicable, surtout de la part de M. le gouverneur, qu'il s'était posé à son début comme l'interprète fidèle du gouvernement du Roi et le dépositaire de sa pensée.

[1] Ce fonctionnaire, qui est créole et possesseur d'esclaves, est tellement imbu des préjugés coloniaux, qu'il me dit un jour, sur la savane du Fort-Royal, en présence de M. Frémy, directeur de l'intérieur, au sujet de la discussion aux Chambres de l'adresse des 7,000 ouvriers, que la race esclave avait été maudite par Dieu et qu'avant peu d'années la traite des nègres serait de nouveau autorisée.

C'est aussi ce même fonctionnaire (auquel j'ais dû faire sentir plusieurs fois l'inconvenance de ses réquisitions illégales et de ses prétentions sur la gendarmerie), qui approuvait toujours aveuglément les vérifications de comptabilité du sous-commissaire. Desmases, créole comme M. Pageot Desnoutières, et qui ne s'est pas même aperçu d'un déficit de plus de 20,000 fr., existant dans la comptabilité du 2e régiment de marine ; déficit qui a été découvert par le conseil d'administration du corps, ce qui a déterminé M. Paris, capitaine trésorier, à mettre fin à ses jours par le suicide.

Quoique les lois soient souvent froissées au profit de quelques mesquines considérations, tous les hommes éclairés rendent hommage aux sentiments qui les ont inspirées, et ils ont confiance en Votre Excellence, ainsi que dans la sagesse de la haute sollicitude du Roi, et espèrent qu'on n'appellera désormais à l'administration des colonies que des hommes justes, fermes, intelligents et dont le passé garantisse l'avenir.

Je suis avec un profond respect, Monsieur le ministre,

Votre très-humble et très-obéissant serviteur,

Le chef d'escadron de gendarmerie
de la Martinique, en congé,

France.

Nota. Ainsi sont et seront traités ceux qui prendront au sérieux les ordonnances et circulaires, relativement aux devoirs des fonctionnaires dans les colonies... Voyez l'accueil fait par le ministre en France... J'étais un homme précieux pour les colonies...

N° 121.

Ce 27 août 1845.

A MONSIEUR LE CHEF D'ESCADRON DE LA GENDARMERIE.

Monsieur le Commandant,

J'ai l'honneur de vous informer, que la députation chargée par nos compatriotes de vous exprimer les regrets que nous éprouvons tous de vous voir quitter le pays, au moment où votre présence était si utile à la cause des opprimés, se présentera chez vous aujourd'hui, à onze heures, si voulez bien l'accueillir.

Agréez, Monsieur le Commandant, etc.

***

N° 122.

Fort-Royal-Martinique, le 20 août 1845.

A MONSIEUR FRANCE, CHEF D'ESCADRON COMMANDANT LA GENDARMERIE.

Monsieur,

Au moment où une mesure que nous nous abstenons de qualifier, vous enlève si subitement à vos fonctions, permettez-nous de vous offrir nos félicitations pour l'impartialité avec laquelle vous les avez toujours remplies.

En venant dans ce pays, vous saviez, Monsieur, quelles passions violentes soulève contre lui l'homme mu par le sentiment de son devoir, et ne sacrifiant jamais à ces mesquines considérations de personnes, qui pour d'autres ont tant de puissance et d'attrait.

Calme et ferme au poste honorable, mais difficile, confié à votre dévouement, vous avez compris que ceux qui souffrent ont besoin de protection ; et vous avez jeté un regard de commisération sur les esclaves, nos frères, qui attendent avec une légitime impatience l'heure de la réparation.

Une disgrâce qui ne sera que momentanée (nous osons l'espérer), a été le prix de vos persévérants efforts à faire le bien.

Mais, consolez-vous, Monsieur; notre estime vous est acquise, ainsi que celle de tous les hommes modérés, qui, comme nous, veulent sincèrement le bonheur du pays.

Dans quelques jours vous nous quittez ; nos regrets vous accompagneront, en même temps que nous ferons des vœux pour que le gouvernement du roi, si plein de sollicitude pour tous, accueille avec faveur nos justes réclamations.

(*Suivent un grand nombre de signatures.*)

N° 123.

A MONSIEUR FRANCE, CHEF D'ESCADRON COMMANDANT LA GENDARMERIE DE LA MARTINIQUE.

Vous connaissez, Commandant, combien j'apprécie votre généreux dévouement à la cause de mes frères de race, à la cause de la justice et de l'humanité, et la vive sympathie que je vous ai vouée; permettez-moi de vous en renouveler ici le témoignage, et de vous prier d'être assez bon pour me conserver une place dans votre souvenir.

Bientôt vous quitterez cette terre d'iniquités pour revoir cette belle France, riche et heureuse, mais qui oublie qu'à dix-huit cents lieues d'elle, elle a des enfants adoptifs qui gémissent dans les liens de l'esclavage, au mépris des droits sacrés de la liberté et de l'humanité. Vous ferez un appel à la France, vous lui ferez un tableau fidèle de nos souffrances, vous signalerez au gouvernement l'incurie des fonctionnaires chargés de nous administrer, et la France et le gouvernement répondront à votre appel.

Commandant, notre cause est sainte et noble, c'est celle de l'opprimé ! En vous mettant dans les rangs de nos défenseurs, vous vous couvrirez de lauriers, bien plus glorieux que ceux qu'on acquiert au champ de bataille ; et à votre heure dernière, votre âme sera satisfaite du bien qu'elle aura fait.

Adieu, Commandant, salut et dévouement.

***

N° 124.

Saint-Pierre, le 3 septembre 1845.

A MONSIEUR FRANCE, CHEF D'ESCADRON DE GENDARMERIE, A SAINT-PIERRE.

Monsieur le Commandant,

N'ayant pas eu l'honneur de vous rencontrer chez vous, à deux reprises différentes, et craignant votre prochain départ, je viens vous prier au nom de mes compatriotes, de vouloir bien nous recevoir demain matin sur les huit heures, pour vous témoigner nos regrets et notre gratitude... Veuillez, Monsieur le Commandant, adhérer à notre demande et agréer en même temps les sentiments les plus respectueux de la parfaite considération de votre très-humble et très-obéissant serviteur.

***

N° 125.

Saint-Pierre, le 4 septembre 1845.

A MONSIEUR FRANCE, CHEF D'ESCADRON DE GENDARMERIE, A SAINT-PIERRE.

Monsieur le Commandant,

J'ai l'honneur de vous donner ici le nom des membres de la députation que vous avez bien voulu recevoir aujourd'hui à votre hôtel :

E. Nouillé, négociant; Montout aîné, propriétaire; Numa Rondeau, propriétaire ; Alexandre Berne, négociant; Labidard, négociant; Lapoquéotte fils, négociant; Savignac, propriétaire; A. Defaye, négociant.

Recevez, Monsieur le Commandant, etc.

***

N° 126.

Fort-Royal, le 27 août, et Saint-Pierre, le 4 septembre 1845.

Messieurs,

Je reçois avec une reconnaissance vivement sentie le témoignage de bienveillance que vous voulez bien m'offrir, à l'occasion de la conduite que j'ai tenue pendant mon séjour à la Martinique.

Je vous sais d'autant plus de gré de ces témoignages que je n'ai agi que d'après mes sympathies pour vous, en m'élevant contre les préjugés du système colonial, dont je ne partage pas les fausses doctrines, et contre l'espèce de défaveur dont vous êtes frappés bien injustement dans les réceptions officielles.

J'ai dû aussi déchirer le voile qui cachait des iniquités envers de pauvres esclaves, afin que le Gouvernement du Roi, sentant la nécessité d'en arrêter le cours, prenne des mesures pour les rendre enfin à la liberté, qui est aussi nécessaire dans l'intérêt de la religion que de l'humanité ; ce qui m'a suscité des tracasseries de tous les genres, à la suite desquelles plusieurs plaintes ont été portées contre moi par le chef de la colonie, qui paraît n'avoir rien négligé pour me desservir aux yeux de MM. les ministres de la guerre et de la marine, qui ayant mieux apprécié mes anciens services que M. Mathieu, m'ont accordé un congé de six mois avec solde entière, pour aller en jouir en France.

A l'exemple de M. le gouverneur, c'est une maxime reçue, même parmi de hauts fonctionnaires, que la mission de la gendarmerie, ici, n'est pas de soutenir le faible et l'opprimé, selon l'esprit de l'ordonnance royale du 29 octobre 1820, mais qu'elle doit au contraire concourir par son assistance à des châtiments, souvent pour des causes notoirement injustes. Ces potentats pensent même que la gendarmerie n'a qu'à exécuter aveuglément la volonté des colons, sans avoir à surveiller les mauvais traitements et autres actes répréhensibles de ces derniers, qui emploient ensuite des moyens perfides envers ceux qui ne veulent pas trahir leurs devoirs, et je me félicite d'autant plus, Messieurs, d'avoir rempli les miens, que cela me procure l'honneur de la démarche que vous avez bien voulu faire auprès de moi aujourd'hui.

Le Chef d'escadron,

France.

N. 127.

Fort-Royal, le 22 septembre 1845.

Mon cher camarade,

Vous ne doutez pas que je prenne une part très-grande aux tribulations qu'on vous fait subir dans ce pays, et, en vérité, je crois qu'il faut plutôt vous féliciter que vous plaindre, de la mesure qui vous appelle en France; mais il ne faut pas abandonner la partie, et je vous engage à faire valoir vos droits en France, avec toute l'énergie et toute la persévérance possible; je ne saurais trop vous recommander la prudence; nous avons affaire à des gens peu scrupuleux, pour lesquels tous les moyens sont bons, pourvu qu'ils arrivent à leurs fins.

Vous avez dû avoir des renseignements détaillés sur l'embarquement de vingt-deux esclaves pour Puerto-Rico; il sera très-important de faire connaître à Paris ce nouvel acte des autorités coloniales ; si vous pouvez, avant votre départ, me faire connaître ce que vous savez là-dessus, vous me feriez plaisir. Au revoir en France, mon cher camarade; je suppose que je vous suivrai de près et vous pourrez annoncer ma visite à ces messieurs à Paris, en ajoutant que s'il se trouve ici un troisième officier ayant des sentiments philanthropiques, MM. Mathieu et consorts sauront bien s'en débarrasser. Croyez que si vous êtes encore à Paris quand j'y arriverai, je vous retrouverai avec un bien grand contentement.

Agréez, mon cher camarade, l'assurance, etc.

***

N° 128.

Castrie-Sainte-Lucie, 25 décembre 1815.

A MONSIEUR FRANCE, CHEF D'ESCADRON DE LA GENDARMERIE ROYALE DE LA MARTINIQUE, EN CONGÉ A PARIS.

Mon cher Commandant,

Plein de souvenir de votre généreux dévouement à la cause des opprimés, je ne puis m'empêcher de vous prier de m'informer quelle est la décision du ministre de la marine, sur le rapport de M. Mathieu et sur le mémoire que vous lui avez présenté. — Vous connaissez, commandant, tout l'intérêt, toute l'estime que je vous porte. Vous m'excuserez de ne pas attendre que vous m'ayez écrit à ce sujet pour vous adresser ces quelques lignes, qui vous exprimeront bien faiblement ma vive reconnaissance pour tout ce que vous avez fait, pour tout ce que vous avez souffert, pour avoir été le protecteur des miens, pour avoir voulu remplir avec dignité la haute mission qui vous était confiée.

La loi Mackau n'a apporté aucun changement au sort des malheureux esclaves ; elle n'a fait qu'aigrir les planteurs. Une ordonnance du gouverneur, corrélative de cette loi, taxe le temps du travail durant la nuit au prix de 0 fr. 10 c. par heure. N'est-ce pas une dérision ? Quel est l'homme qui, après avoir travaillé toute la journée aux travaux les plus pénibles, sous un ciel aussi ardent que le nôtre, peut accepter de bon cœur une si minime rétribution pour une heure de veille.

M. Bissette a fait imprimer, sous forme de brochure, le discours de M. Beugnot à la chambre des pairs. Les exemplaires de ce discours ont été saisis à la douane de Saint-Pierre, comme dangereux pour le pays et par ordre du très-illustre gouverneur Mathieu. Le consignataire de ces exemplaires, M. Agnès, a adressé une requête au ministre sur cette saisie arbitraire et a transmis à l'honorable orateur dont l'éloquent discours est séquestré comme incendiaire, le procès-verbal de ladite saisie. Vous voyez bien, mon cher commandant, que le ministère de la marine tolère l'arbitraire ou donne à ses agents aux colonies des instructions pour renouveler, le plus souvent possible, ces actes que je m'abstiens de qualifier ici. — Le noble pair signalera sans doute à la France la conduite du capitaine de vaisseau Mathieu. Il faut remarquer qu'au moment où les autorités locales faisaient saisir cet éloquent discours du noble pair, la division de l'intérieur distribuait, par la voie de la poste, à tous les électeurs de la colonie les *rapsodies* de M. Jollivet. — J'ai reçu par la poste quatre exemplaires de ces jérémiades.

Les évasions d'esclaves continuent toujours. Le mois dernier, dix-sept esclaves sont partis pour la Dominique, où ils sont heureusement arrivés dans la pirogue du capitaine du port.

Agréez, mon commandant, avec l'expression de mon sincère attachement, mes cordiales salutations.

Votre respectueux serviteur et ami,

***

N° 129.

Saint-Pierre (Martinique), le 26 décembre 1845.

A MONSIEUR FRANCE, CHEF D'ESCADRON DE GENDARMERIE, A PARIS.

Monsieur le Commandant,

Je profite avec empressement du départ de notre brave commandant, M. Ch., pour vous prier de vouloir bien nous donner de vos nouvelles, qui intéressent à un si haut point toute une population qui vous est chère et dévouée, et encore en deuil de votre départ précipité de la colonie.

La classe noire, pour mieux dire, la classe malheureuse a perdu un généreux protecteur que, peut-être, elle ne retrouvera jamais!

Il s'est répandu ici une nouvelle qui nous comble de de joie : on nous a assuré votre nomination de colonel, à Besançon. Quoique cet avancement ôte tout espoir de vous revoir au milieu de nous, nous devons nous en réjouir et vous prier d'agréer, Monsieur le Colonel, nos sincères félicitations. Ceci montre que la métropole est moins imbue des préjugés coloniaux que notre malheureux pays et sait, mieux que la colonie, récompenser ses zélés serviteurs.

J'ai l'honneur d'être, etc.

***

HUITIÈME SÉRIE.

N° 130.

DISCOURS DE M. LE GOUVERNEUR A L'OUVERTURE DE LA SESSION COLONIALE.

Messieurs les Conseillers coloniaux,

En mettant le pied sur cette terre si belle, mais éprouvée, il y a peu d'années, par une cruelle catastrophe, et encore agitée par des émotions si diverses, je comprends tout ce que ma mission a de grave, et les obligations qu'elle m'impose.

Suivant l'exemple de mon digne prédécesseur, j'arrive au milieu de vous avec l'affection d'un père, alliant la conscience de mon devoir à la sollicitude la mieux sentie, prêt à faire tout ce qui dépendra de moi pour cicatriser tant de plaies, et contribuer au bonheur de ce pays !...

Pour atteindre ce but, j'ai besoin, Messieurs, du concours de chacun de vous, et j'y compte. Quant à moi, j'y consacrerai tout ce que Dieu a daigné me départir de fermeté, d'énergie, d'expérience, de capacité.

Témoin de l'intérêt dont le Gouvernement est animé pour les colonies, dépositaire de sa pensée, je suis heureux, en prenant l'administration de la Martinique, de vous porter les paroles les plus bienveillantes. Le Gouvernement veut marcher dans une voie de progrès ; mais, dans toutes les mesures qu'il prendra, et ainsi qu'il l'a hautement proclamé, une sage lenteur, une justice rigoureuse, présideront à ses actes.

Ma récente arrivée ne me permet pas d'entrer dans des détails touchant l'état actuel de la colonie. Je ne tarderai pas à me rendre moi-même dans les divers quartiers de l'île, et de tout voir de mes propres yeux.

MM. les chefs d'administration vous présenteront en mon nom le projet de budget des recettes et dépenses, pour l'exercice 1845, et divers décrets d'intérêt public, entre lesquels il en est plusieurs qui ont été demandés par les délibérations précédentes du conseil.

Je les recommande à votre examen et à vos discussions éclairées.

Vous avez entendu les nobles et touchants adieux de votre ancien gouverneur. Je m'associe à ses conseils si sages, dictés par son vieil et sincère attachement pour vous. Je vous adjure tous, Messieurs, de ne jamais les oublier. Alors ma tâche sera facile, et, m'identifiant à la pensée des habitants de la Martinique, je bénirai doublement la mémoire de ce digne chef.

Messieurs, je ne puis vous donner de meilleure garantie de ma vive sollicitude et de l'intérêt que je porte à cette colonie et à ses généreux habitants, qu'en amenant au milieu de vous ma famille entière, ce que j'ai de plus cher au monde.

Dans un pays où les sentiments d'honneur ont tant d'échos, entouré de ces cœurs français, je suis sûr de trouver les mêmes sympathies qui m'animent, et je suis plein de confiance dans l'avenir, pour vous et par vous.

Messieurs les Conseillers coloniaux, votre session est ouverte.

VIVE LE ROI!

N° 131.

ADRESSE DU CONSEIL COLONIAL, EN RÉPONSE AU DISCOURS PRONONCÉ PAR M. LE GOUVERNEUR.

Monsieur le Gouverneur,

Nous sommes reconnaissants de la justice que vous rendez publiquement à l'administration paternelle des colons sur leurs habitations.

Ce témoignage est d'autant plus apprécié par eux que, récemment encore, cette administration a été l'objet d'attaques calomnieuses, qui ont profondément affligé leurs cœurs.

Nous aussi, représentants du pays, nous avons été calomniés : on a fait un crime aux conseils coloniaux d'avoir résisté à cette influence fatale, qui pousse les colonies dans l'abîme ; l'expérience viendra prouver que seuls ils comprenaient la défense des intérêts qui leur étaient confiés, et quand les colonies auront cessé d'exister, on reconnaîtra, trop tard, le mérite de cette résistance.

Une loi que rien ne rendait nécessaire, une loi désastreuse va bientôt briser tous les liens qui font encore, sous vos yeux, des colons et de leurs esclaves une seule et même famille.

Cette loi, Monsieur le Gouverneur, nous est imposée malgré nos incessantes protestations ; malgré l'injustice qu'elle consacre, nous nous y soumettrons néanmoins, soutenus par la conviction que la France, un jour désabusée, reviendra sur l'erreur qui nous a livrés, nous Français, à des tribunaux d'exception. Ne nous a-t-on pas dit que ce que la loi avait fait, la loi pouvait le défaire?

Dans les circonstances nouvelles qui se présentent, vous faites un appel à notre expérience, vous demandez notre concours ; nous les avions offerts au législateur, et, bien qu'il n'en ait tenu aucun compte, nous les prêterons avec la même loyauté, dans l'intérêt commercial et maritime de la France, et dans celui de notre malheureuse société, aux pouvoirs chargés de soutenir aujourd'hui l'édifice colonial.

Les colons n'ont pas voulu rester étrangers aux progrès de l'industrie. Des tentatives dispendieuses ont été faites pour l'amélioration de nos produits ; mais l'avenir des colonies, compromis par la loi nouvelle, et par la législation des sucres, qui n'a été qu'une déception, arrête l'essor, et fait regretter les sacrifices.

Nous porterons tous nos soins à l'examen du budget des recettes et des dépenses du service local, pour l'année 1846, établi sous les conditions de la loi du 25 juin 1841. Nous tiendrons ainsi les engagements pris par la législature qui vient d'expirer ; mais, comme elle, nous protestons contre les dispositions de cette loi, qui enlève à la représentation du pays les attributions les plus importantes, et nous ne pouvons perdre l'espoir de voir modifier bientôt ce que cette loi a de contraire à la charte coloniale.

Nous nous félicitons avec vous, Monsieur le Gouverneur, des études qui tendent à faciliter nos communications intérieures ; mais pouvons-nous vous promettre d'élever nos impôts, de les maintenir même au taux des derniers exercices, au moment où nos récoltes vont se ressentir de la réduction du travail, où nos fortunes vont disparaître ; heureux encore si le colon, enfant de la France, pouvait, comme l'enfant de l'Afrique, obtenir une loi qui lui garantît un pécule.

Monsieur le Gouverneur, ce n'est pas en vain que vous aurez fait appel à notre patriotisme, nous tenterons de surmonter le profond découragement qui accable tous les esprits ; mais la part réservée aux conseils coloniaux dans l'exécution de la loi qui nous préoccupe est bien restreinte. Dieu veuille inspirer la sagesse et donner l'intelligence à ceux qui se sont faits les arbitres des colonies, afin qu'au jour où vous assisterez de loin à nos derniers efforts, au lieu des applaudissements que vous promettez à nos succès, vous n'ayez pas à vous dire : «*Ils meurent avec courage et résignation!!*»

N° 132.

ADRESSE VOTÉE PAR LE CONSEIL COLONIAL,

Le 16 décembre 1844,

En réponse au Discours d'ouverture de la Session.

Monsieur le Gouverneur,

Le Conseil colonial, encore ému des consolantes paroles que vous lui avez fait entendre, vient vous exprimer la reconnaissance qu'elles lui ont inspirée, vous remercier de vos intentions bienveillantes, et vous faire connaître avec confiance et sincérité la situation de la colonie que vous êtes appelé à administrer, et dont vous voulez cicatriser les plaies.

Oui, Monsieur le Gouverneur, de cruelles catastrophes nous ont éprouvés; mais les traces de celles dont nous avons été frappés par les décrets de la Providence ont à peu près disparu : la bienfaisance publique, quelques années de fertilité, l'active industrie des colons ont suffi pour réparer, en partie, un désastre qui avait ébranlé la colonie jusque dans ses fondements. Plus fatale que le fléau de Dieu, l'œuvre des hommes pèse encore de tout son poids sur la société coloniale; et si cette société succombe, ce sera sous l'effort des associations prétendues philanthropiques qui trouvent un appui et des organes dans les rangs de ceux-là même qui devraient se montrer les plus fermes soutiens de nos institutions.

Ainsi, l'ordonnance du 5 janvier 1840, attentatoire aux droits du maître, n'a dû paraître aux conseils coloniaux que l'interposition inutile d'un magistrat amovible et stipendié entre le colon et l'esclave; elle a inspiré à celui-ci l'idée de l'insubordination, à l'autre le sentiment d'une défiance restrictive de ses meilleures intentions.

Plus tard, une autre ordonnance a assimilé à la séquestration, l'exercice d'une faculté garantie par la loi coloniale; et, contrairement à notre charte constitutive qui consacre les droits acquis, a attaqué la puissance du maître, et l'a annulée, pour ainsi dire, quand elle ne pouvait que la régler.

Enfin, la loi du 25 juin 1841 est venue enlever aux conseils coloniaux leurs attributions financières les plus importantes, et aux citoyens le droit, que cinquante ans de révolution leur ont chèrement vendu, de voter leurs impôts et de fixer leurs dépenses par des mandataires librement élus.

Cette loi, en divisant notre budget, compromet, en cas de guerre, l'administration constitutionnelle du pays. Elle creuse dans ce budget un déficit à combler par des subventions annuelles qu'on nous reprochera sans doute un jour, comme une charge dont les colonies grèvent la mère-patrie.

En présence de ces faits, sous le coup d'une persécution décorée des titres pompeux *d'amélioration et de progrès*, que pouvaient, que devaient faire les conseils coloniaux défenseurs nés de la constitution du pays? Leur devoir était la résistance, et le conseil colonial de la Martinique n'a point failli à cette obligation de son mandat.

Certes, Monsieur le Gouverneur, il n'a dû venir à l'esprit de personne de la confondre avec une opposition systématique, encore moins avec la révolte; cette résistance est puisée dans l'esprit et l'exécution de la loi que l'on nous a donnée comme une charte constitutive et dans les principes d'où émanent aujourd'hui les rapports établis entre les populations et les gouvernements. Cette résistance, ce défaut de concours, étaient une manifestation qui avait pour but de faire connaître au Gouvernement qu'il s'engageait dans une voie mauvaise, et que c'était à l'anéantissement des colonies que menait directement l'adoption des fatales mesures que repoussaient les conseils coloniaux.

A cet avertissement des mandataires du pays, à ce moyen légal de rappeler les hommes du pouvoir à un examen plus attentif des questions coloniales, qu'a répondu le ministère?... Le projet de loi du 14 mai a été présenté à la chambre des Pairs.

Nous n'entreprendrons pas, Monsieur le Gouverneur, de vous signaler tout ce que ce projet de loi a d'odieux pour les colons, de funeste pour les colonies; la commission de la chambre des

Pairs a déjà fait justice de quelques dispositions de ce projet, et nous reconnaissons que sans la sagesse des Chambres, les colonies auraient fait un pas immense vers l'abîme où l'on veut les précipiter.

Justement effrayé de la gravité des événements que nous n'avons pu conjurer et de ceux qui nous menacent encore, appréciant aujourd'hui les hommes et les choses, reconnaissant enfin que les colonies ne peuvent être sauvées que par la puissance représentative chargée des plus chers intérêts de la France, le conseil colonial a résolu, Monsieur le Gouverneur, de placer le pays sous la sauve-garde de la représentation nationale; c'est à elle qu'il appartient de conserver à la France ces importantes portions de son territoire, éléments de sa force et de son indépendance, sans lesquelles il lui serait difficile de lutter avec avantage contre son éternelle rivale. C'est à sa loyauté et à son patriotisme que nous confions la vie et la fortune des citoyens dont les efforts constants, sur ce sol volcanisé, contribuent à une prospérité commerciale que la métropole ne trouve sur aucun autre rivage.

Nous adjurons donc les Chambres, ce boulevart des libertés et des franchises constitutionnelles, de venir en aide à notre faiblesse et de protéger nos institutions : nous les conjurons de porter dans l'étude des questions coloniales, toute la maturité que commande leur importance, de se prémunir contre les doctrines funestes qui n'amèneraient que la ruine et la destruction, et de ne pas souffrir la spoliation méditée contre nos propriétés et l'anéantissement des grands intérêts coolniaux de la France, pour satisfaire à l'ambition et aux exigences de la politique anglaise.

Quant à nous, Monsieur le Gouverneur, nous n'avons jamais été guidés que par notre dévouement au pays et notre attachement à la France ; nous courberons la tête sous le joug qui nous est imposé par la loi de juin 1841, alors même que nous en demandons la réforme ; heureux de convaincre ainsi les grands pouvoirs auxquels nous remettons le salut de la colonie, que pleins de respect pour la loi, c'est de la loi que nous attendons pour la Martinique un meilleur avenir.

Monsieur le Gouverneur, notre concours vous est assuré.

Vous nous recommandez le souvenir de notre ancien et digne

Gouverneur; tout en vous nous présage la continuation d'une administration paternelle qui donnera de la mémoire à tous les cœurs.

Vous nous avez amené votre famille comme une garantie de l'intérêt que vous portez à ce pays; la colonie tout entière l'adopte avec amour et reconnaissance.

Réponse du Gouverneur.

Messieurs,

Le Gouvernement du Roi ne doit pas être isolé des Chambres : l'action des Chambres se confond avec celle du Gouvernement. En rappelant ici les vrais principes constitutionnels, je ne puis que vivement regretter la détermination que vous avez prise, et je ne saurais accepter ni la pensée qui préside à votre adresse ni la forme dont elle est revêtue.

D'ailleurs, Messieurs, je ne puis partager des inquiétudes que la sagesse du Gouvernement efface chaque jour, et je suis persuadé que cette conviction pénétrera dans tous les esprits.

Vous me promettez votre concours, Messieurs, et je vous en remercie. C'est par l'unité de vues, le dévouement et la confiance réciproques que le bien-être du pays peut seulement être assuré.

Je suis profondément sensible à ce que vous m'exprimez au sujet de ma famille... Elle appartient à la colonie, comme la sincère affection et la sollicitude de son gouverneur.

N° 133.

Fort-Royal, le 26 février 1846.

A MONSIEUR FRANCE, CHEF D'ESCADRON COMMANDANT LA GENDARMERIE DE LA MARTINIQUE, EN CONGÉ A PARIS.

Monsieur,

C'est avec un bien vif plaisir que j'ai vu l'accueil bienveillant qui vous a été fait au ministère de la marine : il ne pouvait en être autrement. M. Mathieu a été trop oublieux de ses devoirs envers vous, et s'est laissé trop influencer par les colons, qui gouvernent la colonie en son nom, pour que le gouvernement de la métropole ne s'empressât pas de donner un démenti formel à ses actes. Nous attendons avec une ferme confiance que nous serons débarrassés d'un tel administrateur, qui ne peut que jeter la désorganisation dans le pays.

La situation des affaires politiques est toujours la même, rien n'a changé : le fouet, les carcans et les chaînes sont encore, grand Dieu ! à l'ordre du jour. Les autorités locales continuent à faire saisir administrativement tous les écrits libéraux venant de France, voire même le discours de l'honorable comte Beugnot, et suscitent des tracasseries de tous genres aux consignataires de ces écrits. Nous luttons vainement ici contre ces saisies arbitraires

Les dernières promotions dans la magistrature ont jeté le découragement chez les magistrats bien intentionnés, c'est-à-dire les Européens. Nous voyons avec peine que le ministre de la marine a favorisé tous les magistrats créoles, et surtout ceux qui se sont montrés les plus hostiles à la réforme coloniale. M. Trolley, qui a épousé une créole, fille du secrétaire colonial, M. Pageot, est un des protégés du ministère, et a de l'avancement. Cependant il est un de ceux qui ont voté l'acquittement scandaleux de Bruno, géreur de l'habitation Bayardelle. M. Sainte-Catherine de Percin, magistrat d'une incapacité complète, appartenant à une famille dont le nom est inscrit en lettres de sang dans les annales du pays, M. Sainte-Catherine, de simple juge auditeur au tribunal de première instance, a été nommé procureur du roi au Sénégal. Nous avons vu, de nos yeux vu, après le prononcé de de l'arrêt, affaire Bruno, M. Sainte-Catherine traverser l'enceinte de la cour et aller féliciter son camarade Trolley de son vote et de son dévouement au système colonial. M. de Beaussire, créole, propriétaire d'une habitation sucrerie du chef de sa femme, a été nommé président de la cour royale de la Guadeloupe, quoiqu'il soit le plus jeune conseiller de la Martinique. M. de Beaussire a toujours été signalé comme votant pour l'acquittement, dans les affaires criminelles où des colons ont été accusés d'avoir exercé des châtiments inhumains envers de malheureux esclaves. Les dossiers des affaires en cour d'assises sont là, et justifieront ce que nous reprochons à M. de Beaussire, qui est cousin-germain des frères Jaham, accusés de meurtre, etc., etc., et qui ont été scandaleusement acquittés par les assises de Saint-Pierre, session de décembre dernier, présidées par M. Duclary. M. de la Rougerie, est aussi créole, propriétaire de sucrerie ; à ce titre, il a eu de l'avancement, c'est l'âme damnée de la faction antilibérale.

M. Duclary, qui a jeté l'injure à la face de tous nos hommes d'Etat, qui a protesté contre toutes les modifications à introduire dans la législation politique du pays, continue d'émarger largement au budget de la marine, et ses protégés seuls obtiennent les faveurs du ministère de la marine.

« Je me bornerai à vous dire que votre départ a été vivement regretté par vos subordonnés et par bien des personnes notables, qui aimaient à voir en vous l'homme généreux, indépendant et consciencieux. »

Permettez-moi, Commandant, de vous renouveler l'expression bien sincère de mon respectueux attachement, et agréez les hommages empressés de votre très-dévoué serviteur, ***

A MONSIEUR LEGAY, SUPÉRIEUR DU SÉMINAIRE DU SAINT-ESPRIT, A PARIS.

Monsieur,

Bien que vous n'ayez pas daigné répondre à une lettre polie que j'ai eu l'honneur de vous écrire pour vous offrir d'éclairer votre religion égarée ; que vous m'ayez laissé brusquement, moi, déjà si peu encouragé à venir chez vous, de si loin, et malgré une indisposition, pour rendre à la vérité un témoignage loyal et désintéressé, j'aurais cru devoir épargner et à vous et à moi la peine de m'en plaindre à vous... mais je ne puis me dispenser d'exprimer le regret que vous ayez fait partager cette disgrâce à la dame que j'avais l'honneur d'accompagner, et que vous ayez oublié de vous excuser de l'avoir quittée ainsi ! Quoique je n'aie pas été heureux la première fois en vous écrivant, permettez-moi de continuer ma visite par lettre encore, puisqu'il m'a été impossible autrement, quand ce ne serait que pour justifier ma démarche qui vous a paru très-indiscrète, d'après la manière dont elle a été accueillie et que vous avez dit que vous n'aviez pas le temps de répondre à toutes les lettres et à toutes les personnes qu'il plairait à M. *** de vous envoyer.

J'éprouve le besoin d'exprimer les sentiments que ces paroles ont fait naître dans mon cœur. — Mais vous avez bien eu le temps d'accueillir la plainte de bien des personnes qui, comme vous, n'ont dû l'accepter que *sous bénéfice d'inventaire !* Vous avez bien cru devoir répondre aux lettres et aux intermédiaires des ennemis du prévenu, et même leur obéir ! Pourquoi n'auriez-vous pas une oreille ouverte pour la défense, quoique si tard ?

Hélas ! il est toujours temps... quand même on ne parviendrait qu'à sauver l'honneur injustement compromis ! Les tribunaux eux-mêmes, quand l'innocence a été condamnée à faux... et qu'il n'y a plus d'autre remède... prononcent au moins la réhabilitation de la mémoire de la victime... Pourquoi lui refuserait-on la même justice tardive, quand elle est encore *vivante?* et que tout a été passionné, irrégulier dans la condamnation !

Vous dites que M. *** a déjà envoyé plus de vingt personnes auprès de vous ; je vous remercie, monsieur le Supérieur, de m'avoir fait connaître cette circonstance que j'ignorais. Si c'est à sa prière que ces personnes ont fait une bonne œuvre, je les en remercie sans les connaître ; pour lui, il aurait fait en cela une preuve du zèle que nous lui connaissons dans son ministère : il est utile d'intervenir pour prévenir l'erreur, le scandale dont on pourrait être victime soi-même : de plus, il aurait prouvé sa confiance en votre équité, dont il ne devait pas douter. Mais je pense qu'il n'a pas même eu besoin de faire cette prière, et que ces vingt personnes, comme vous, comme moi, n'ont été envoyées auprès de vous que par la voix impérieuse et le cri de leur conscience, à elles et à nous, qui nous font un devoir de ne rien négliger, malgré des obstacles inattendus, pour conjurer une grande injustice qui aurait des suites funestes... Nous croyons donc être dans l'esprit de la loi qui *oblige* tous ceux qui peuvent rendre témoignage à la vérité, et à toute la vérité.

Ce n'est pas seulement l'individu, l'homme honorable, le prêtre simple et courageux que nous venons défendre de la calomnie ; c'est une question de *principe* qui est en danger... et sur laquelle on veut faire prendre le change... Ce serait un malheur pour une classe nombreuse de la population de la Martinique, qui n'a point d'organes, de *représentants* en France.

Si les prêtres, les apôtres qui ont fait leur devoir étaient toujours destinés à finir ainsi ! ou comme mon honorable ami, M. l'abbé Reveilhac et d'autres, qu'une mort prématurée par les chagrins a pu seule faire échapper à la calomnie.

Au moins, le grand roi et le grand capitaine avaient préparé une retraite honorable et presque érigé des autels au courage malheureux. Non, monsieur le Supérieur, nous ne voulons pas que de tels hommes finissent par l'ignominie... pour récompense ! Leur mission est trop précieuse... et il n'y en a pas déjà tant, pour qu'on veuille les rendre *impossibles.*

Vous dites que vingt personnes sont venues... et vous vous en plaignez ! C'est déjà beaucoup pourtant, dans ce siècle égoïste et si peu avare de scandale, quand tant de personnes, malgré les difficultés et les désagréments d'une telle démarche, viennent plaider avec insistance la cause de la justice qui est celle d'un prêtre devant un autre prêtre ! Si ces vingt personnes étaient venues briguer une faveur, elles auraient pu vous importuner ; mais vous auriez dû les entendre avec bonheur, quand même il aurait été question d'une grâce ou d'un adoucissement de peine, après un jugement mérité ; mais je suis scandalisé de votre langage, quand il s'agit d'un cruel déni de justice qui contient toutes les injustices et tous les châtiments ! Mais quoi ! vous n'accusez que vingt personnes de vous avoir importuné ! Il est donc heureux pour vous que vous ayez condamné à distance ; bien d'autres aussi seraient venus auprès de vous et de qui de droit, s'ils n'étaient pas à 1,800 lieues de vous. Toute la population, excepté quelques *intéressés*, tous les gens de bien avec beaucoup de prêtres vous auraient répété ce que j'ai entendu pendant cinq mois, après le départ de M. l'abbé ***, « qu'il avait été indignement sacrifié. »

Le procureur-général, M. S..., qui lui a montré une vive sympathie vous aurait « exposé qu'il l'aurait chaudement défendu au « conseil privé, s'il eût été question de cette affaire. »

M. Ch..., procureur du roi vous aurait dit qu'il était « prêt à « poursuivre la calomnie si l'on pouvait trouver la trace des au- « teurs ; » enfin les mêmes magistrats qui lui ont rendu les *honneurs funèbres*, en voulant l'accompagner jusqu'au navire sur lequel il devait s'embarquer pour être *entendu en France*, auraient pu se joindre aux vingt personnes qui ont été assez heureuses pour venir avant nous. Je regrette que le rôle du charitable samaritain n'ait pas été de votre côté. — Continuons, s'il vous plaît : vous avez allégué votre conscience... Sans doute, vous avez voulu dire vos intentions que je ne dois pas scruter; mais il m'est permis de croire à la mienne aussi et à celle des autres personnes qui, comme moi, doivent mieux connaître que vous les hommes et les choses de là-bas, et même celui que vous avez frappé sans l'entendre ; par votre position, vous êtes trop voisin de ses ennemis. Vous n'auriez pas dû prendre la responsabilité de juger *seul ;* la conscience n'est pas plus infaillible que la raison, et il y a place à l'erreur surtout quand on néglige les moyens de connaître la vérité. Vous vous seriez d'ailleurs épargné des contradictions : vous vous vantez d'avoir demandé une petite retraite pour un homme qui est victime de son devoir ; et vous refusez de le conserver en activité, lui qui a passé dix-huit ans dans ces colonies pour lesquelles votre prédécesseur *réclamait son zèle et ses talents*, il aurait pu ajouter son courage... Cela en 1840, quand il pouvait rester honorablement en France, et pourtant l'activité de service est la condition nécessaire pour parvenir à la retraite !

Vous avez souri quand nous avons parlé de la détresse de M. l'abbé ***, et il est accusé d'avoir été trop généreux envers des personnes abandonnées !...

Je finis pour ne pas abuser de vos moments ; mais je dois dire que je regrette de vous avoir entendu parler défavorablement de l'affaire de l'Inde et de Bourbon, qui est très-honorable pour lui et dont les preuves ont été longtemps entre vos mains...

Voici l'argument que je tire de cette circonstance qui ajoute à ma conviction de votre erreur dans l'affaire présente : si vous avez pu condamner l'innocent lorsque vous pouviez évidemment connaître le vrai coupable et tourner en mal ce qui est notoirement très-beau, j'en conclus que votre religion est égarée dans l'*avis* que vous avez émis au ministère sur une affaire que vous avez jugée seulement de *confiance !*

Malheureusement votre avis, qui était une sentence de déchéance, a été aussi accepté de confiance.....

J'ai l'honneur d'être, monsieur le Supérieur, votre très-humble et très-obéissant serviteur,

Le chef d'escadron de gendarmerie,

FRANCE.

Paris, le 26 mars 1846.

P. S. Si cette lettre restait sans réponse et sans effet auprès de vous, vous ne devriez point être étonné que je lui donnasse de la publicité.

Imprimerie d'A. SIROU et DESQUERS, rue des Noyers, 37.

www.ingramcontent.com/pod-product-compliance
Ingram Content Group UK Ltd.
Pitfield, Milton Keynes, MK11 3LW, UK
UKHW020211250726
13967UKWH00003B/1397